PATTLOCH
Vier-Türme-Verlag

Anselm Grün

Dem Bösen begegnen

Wege zu einem
versöhnten Miteinander

PATTLOCH
Vier-Türme-Verlag

»Dem Bösen begegnen« ist eine Gemeinschaftsproduktion des Pattloch Verlags, München, und des Vier-Türme-Verlags, Münsterschwarzach.

Umschlaggestaltung: Thomas Uhlig, www.coverdesign.net
Satz: Adobe InDesign im Verlag
Druck und Bindung: CPI – Ebner & Spiegel, Ulm
Printed in Germany

ISBN 978-3-629-13040-2 (Pattloch Verlag)
ISBN 978-3-89680-845-5 (Vier-Türme-Verlag)

Besuchen Sie uns im Internet:
www.pattloch.de
www.vier-tuerme-verlag.de

2 4 5 3 1

Inhalt

Das Böse – wie wirkt es?

69

Das Böse erleiden

93

Vom Bösen zum Guten

105

Einleitung

Unter allen Fragen, die denkende Menschen heute beschäftigen müssen, ist die Frage nach dem Bösen und seinem Ursprung eine der entscheidendsten.« (Welte 1) So beginnt der Freiburger Theologe Bernhard Casper sein Vorwort zu den Gedanken von Bernhard Welte über das Böse bei Thomas von Aquin. Bernhard Welte selbst fängt seine Ausführungen mit dem Satz an: »Unter allen dunklen philosophischen Problemen darf das Problem des Grundes des Bösen als das dunkelste gelten. Man muss Himmel und Erde, die höchsten und die untersten Prinzipien bemühen, um es aufzuhellen, und man muss in der Arbeit an dieser Aufhellung ständig jenen schmalen und erhabenen Grat beschreiten, in welchem die Wahrheit über den Menschen gegen die größten und weltgeschichtlichen Irrtümer des Denkens steil abstürzt.« (Welte 9)

In diesem Buch kann ich das Rätsel des Bösen nicht lösen. Aber ich möchte im Blick auf unsere Welt, in der uns das Böse so offensichtlich vor Augen tritt, nachdenken über das Geheimnis des Bösen. Und ich möchte über die Grundfragen des menschlichen Lebens reflektieren: Woher kommen wir? Wer sind wir? Was erhoffen wir? Zu diesen Fragen gehört die heute so entscheidende Frage: Wie reagieren wir auf das Böse? Wie gehen wir um mit dem Bösen? Und wie können wir das Böse überwinden?

Mein Anliegen ist dabei ein seelsorgliches. Täglich begegnen wir dem Bösen. Das Böse widerfährt uns, nicht nur in der weiten Welt, sondern in unserem konkreten Umfeld, in der Firma, in der Gemeinde, in der wir wohnen, und in der eigenen Familie. Und wir selbst tun andern Böses an. Wie können wir die Schliche des Bösen erkennen? Wie können wir auf das Böse reagieren, das uns trifft? Wie können wir uns vor dem Bösen schützen, und wie können wir uns von seiner Macht befreien? Und wie können wir das Böse, das wir andern antun, reduzieren, auf ein erträgliches Maß zurückschneiden?

Wir erschrecken vor dem Bösen, von dem uns täglich die Zeitung berichtet. Da tötet ein junger Amokläufer Kinder in einer Schule. Die Polizisten sind erschüttert von der Brutalität, mit der der junge Mann die Kinder zusammengeschossen hat. Da entführt ein junger Mann ein kleines Mädchen, missbraucht es sexuell und tötet es anschließend. Terroristen ermorden ihre Geiseln und bringen Kinder in einer Schule um. Die Schreckensmeldungen über das Böse reißen nicht ab. Aber wenn wir darüber nachdenken, was denn das Böse ist und wie es dazu kommt, dass Menschen so böse sind und Böses tun, dann stoßen wir an Grenzen.

Wir versuchen psychologisch zu erforschen, warum ein junger Mann so brutal ist. Und wir stoßen auf seine Erziehung, auf seine eigenen Erfahrungen in der Kindheit. Aber dann fragen wir weiter: Warum war die Erziehung so? Wir analysieren die Lebensgeschichte der Eltern und der Großeltern. Wir entdecken in ihrer Geschichte Verletzungen, Unterdrückung, Kälte, Entwertung und Verzweiflung. Und dann gehen wir noch weiter in die Vergangenheit. Aber eine letzte Erklärung für das Böse können wir uns auf diese Weise nicht geben. Wir können nicht sagen: Woher kommt denn das Böse? Und wann hat es angefangen? Gehört es zur Natur des Menschen, oder ist es eine Störung in der guten Natur des Menschen? Wir nehmen nur wahr, dass wir in einer Welt leben, die vom Bösen infiziert ist, in der das Böse eine Realität ist.

Wenn wir philosophisch und theologisch über das Böse nachdenken, dann geraten wir ins Stottern. Dann können wir letztlich nicht wirklich sagen, was das Böse ist. Augustinus kapituliert in seinen Versuchen, über den Ursprung und Grund des Bösen nachzudenken. Er meint: »Nach dem Grund des Bösen forschen hieße die Finsternis sehen wollen.« (Bernhart 188) Joseph Bernhart schreibt in seinem Artikel über das Böse: »Religions- und geistesgeschichtlich gesehen bleibt das Böse buchstäblich ›problema opseos‹, etwas vor den Augen, was uns das Licht benimmt. Das Griechentum bis nahe an den Hellenismus fasste es in seinem tragischen Ernst, Indien erwies ihm, spekulativ und praktisch, seine Toleranz und zahlte dafür mit der Tragik der Gleichgültigkeit von Ja und Nein. In Israel macht sich Gott in Person offenbar dem Menschen, dem für seinen Lebenskampf vorgelegt ist Gut und Böse (vgl. Deuteronomium 30,15). Aber auch das Volk der Erwählung und der Verheißung hat zwischen sich und seinem Gott das Mysterium der Finsternis.« (Bernhart 194)

So spricht die Theologie vom »mysterium iniquitatis«, vom Geheimnis der Bosheit, vom Geheimnis des Bösen. Die verschiedenen Versuche, Gott und das Böse zusammen zu denken, scheitern letztlich. Da gibt es Theologen, die das Böse in Gott hineinnehmen. Aber das befriedigt uns nicht. Andere sehen die Welt ganz und gar gut von

Gott geschaffen. Aber dann müssen sie erklären, wie das Böse in diese gute Welt hineinkommt. Die Philosophie der Aufklärung hat das Böse verharmlost. Aber das Böse ist eine Realität. Und es gehört zur Redlichkeit des Denkens, über das Böse nachzudenken.

Die Psychologie versucht auf ihre Weise, das Böse zu erklären. Sie sieht die Ursache in der Lebensgeschichte des Einzelnen. Aber sie kann letztlich auch nicht ganz erklären, was das Böse wirklich ist. Das gibt der Schweizer Psychologe C. G. Jung unumwunden zu. Auf der einen Seite sagt er: »Das Böse ist eine furchtbare Wirklichkeit. Und das ist es in jedem einzelnen Leben.« (Jung 39) Auf der anderen Seite erklärt er: »Man redet zu mir über das Böse oder über das Gute und setzt voraus, ich wüsste, was das sei. Ich weiß es aber nicht ... Spricht man vom Guten oder Bösen, so spricht man konkret von einem Tatbestand, dessen tiefste Qualität wir in Wirklichkeit nicht kennen.« (Ebd. 29)

Weder die Theologie noch die Psychologie kann also letztlich das Geheimnis des Bösen entziffern. Daher kann auch dieses Buch das Böse nicht wirklich entschleiern. Ich habe deshalb bewusst den Titel gewählt: Dem Bösen begegnen. Ich möchte dem Bösen gegenüberstehen, ihm in die Augen sehen und in einen Dialog treten – mit dem Bösen und mit all den Vorstellungen vom Bösen, die sich die Menschen gemacht haben. Dabei ist mir nicht die philosophische Antwort auf die Frage nach dem Ursprung und Wesen des Bösen das wichtigste Anliegen, sondern es sind ganz konkrete Fragen:

- Wie gehe ich mit dem Bösen um, das ich erleide?
- Wie kann ich darauf reagieren, wenn mich Böses trifft?
- Und wie geht es mir, wenn ich das Böse selbst tue? Wie reagiert meine Seele, wenn ich böse handle?
- Gibt es ein Gewissen in mir, das mir bewusstmacht, dass ich jetzt böse gehandelt habe?
- Und gibt es spirituelle Wege, dem Bösen zu entgehen?

Ich möchte in diesem Buch beschreiben, was das Böse ist und wie es sich uns heute darstellt, welche Ausprägungen es annehmen kann und welche Bilder wir vom Bösen in unseren Köpfen haben. Das letzte Ziel des Buches ist es aber, eine spirituelle Lebenshilfe zu geben. Ich möchte die Lösungen aufzeigen, die uns das Christentum anbietet, wie wir das Böse überwinden können. Wir können das Böse nicht völlig aus der Welt vertreiben. Aber es liegt an uns, wie wir mit dem Bösen umgehen, das uns von außen trifft, und wie wir daran arbeiten, möglichst nicht böse an andern zu handeln.

Wir sind weder dem Bösen, das uns von außen trifft, völlig ausgeliefert, noch sind wir machtlos gegenüber dem Bösen, das wir selbst tun. In unserer Freiheit liegt es, auf das Böse zu reagieren. Und die christliche Tradition bietet uns genügend Hilfen an, wie wir das Böse in unserem Herzen verwandeln und auf das Böse, das uns trifft, so reagieren, dass es seine Macht über uns verliert.

Vor allem aber geht es mir darum, Wege aufzuzeigen, wie wir in unserem Alltag mit dem Bösen umgehen, wie wir unsere Angst vor dem Bösen überwinden und wie wir das Gute in unserer Seele so stärken können, dass das Böse über uns keine Macht gewinnt.

Über das Böse nachzudenken ist nicht gerade modern. Der Philosoph Rüdiger Safranski meint, dass das Denken der vergangenen Jahrzehnte »eigentümlich harmlos und idyllisch … gewesen ist und dass in ihm ein Thema, das noch über Jahrhunderte hin das abendländische Denken bestimmt hatte, kaum vorkam: das Böse«. (Safranski 14f.) Früher, so sagt der Philosoph, hatte sich jedes Nachdenken über das Geheimnis des Menschen »stets herauszuarbeiten aus jener alles grundierenden Nacht, die man nannte: das Chaos, das Böse, das Übel. Und jede Helligkeit des Denkens und der Zivilisation hob sich vor diesem dunklen Hintergrund ab«. (Ebd. 15) Safranski plädiert dafür, die Naivität unseres Denkens, die voller Optimismus das Böse verdrängt hat, aufzugeben und uns mit dem Bösen zu beschäftigen, das nicht nur in der menschlichen Seele, sondern auch im gesellschaftlichen Untergrund lauert. Es geht nicht darum, ständig um das Böse zu kreisen und der Faszination des Bösen zu erliegen, sondern darum, es zu bändigen. Das ist das eigentliche Wesen der Zivilisation: »Zivilisationen sind Versuche, die latente Gewaltbereitschaft zu domestizieren, und Freud hat immer davor gewarnt, die Verlässlichkeit der Sicherungen zu überschätzen.« (Ebd. 14)

Das Böse, das sich im Dritten Reich in seiner ganzen Abgründigkeit gezeigt hat, das aber auch heute in brutalen Bürgerkriegen, in organisierter Kriminalität und im weltweit agierenden Terrorismus in seiner sinnlosen, zerstörenden und unmenschlichen Gestalt sichtbar wird, will auch heute philosophisch, psychologisch und theologisch bedacht werden. Einen kleinen Beitrag will dieses Buch dazu leisten. Dabei möchte ich aber nicht steckenbleiben im Nachdenken über das Böse, sondern den Akzent darauf legen, wie wir mit dem Bösen umgehen und wie wir das Böse – wie es uns die Bibel verheißt – verwandeln können, damit es seine destruktive Macht verliert. Als Christen glauben wir daran, dass Jesus das Böse überwunden hat. Am Kreuz hat ihn die Bosheit der Menschheit getroffen: die Feigheit des Pilatus, der Neid der Sadduzäer, die Brutalität der Soldaten, die ihren Judenhass an Jesus ausagierten, und der Verrat seiner eigenen Jünger. Doch Jesus hat auf das Böse nicht mit einem bösen Herzen reagiert, sondern mit einem liebenden Herzen. Er ist durch das Böse, das ihm widerfahren ist, nicht böse geworden. Er hat vielmehr das Böse gleichsam wie ein trockener Schwamm aufgesogen und es an einer Stelle wieder ausgedrückt, wo es den Menschen nicht mehr schaden kann. Er hat mit seiner Liebe das Böse überwunden. Und so hat er uns am Kreuz einen Weg aufgezeigt, wie auch wir das Böse in dieser Welt überwinden können.

Das Böse – wie sieht es aus?

Seit jeher haben die Menschen Bilder benutzt, um das Böse zu beschreiben, es gleichsam sichtbar zu machen. Oft haben sie dem Bösen in ihrer Vorstellung auch eine Gestalt gegeben, es als Person beschrieben. Das ist auch in der Bibel der Fall: Wenn sie vom Bösen spricht, dann erzählt sie vom Teufel oder vom Satan, der den Menschen als sein Feind versucht und verführt. Im frühen Mönchtum wird der Umgang mit dem Bösen als Dämonenkampf geschildert.

Doch was meint die Bibel mit dem Teufel oder mit dem Satan? Das deutsche Wort Teufel ist abgeleitet vom griechischen Wort »diabolos«. Das wiederum kommt von »diaballein« = »durcheinanderwerfen, entzweien, verfeinden, schmähen, verleumden«. Der Teufel bringt also unsere Gedanken durcheinander. Er verwirrt uns. Er nebelt uns ein. Er macht uns etwas vor. Er legt uns herein, er überlistet uns. Jesus sagt vom Teufel im Johannesevangelium: »Er ist ein Lügner und ist der Vater der Lüge.« (Johannes 8,44)

Der Teufel hält uns das Böse vor Augen und verkauft es uns als etwas Gutes. Das verwirrt uns. Die frühen Mönche erzählen, dass der Teufel oft in der Gestalt eines Engels erscheint, um den Menschen zu täuschen. Indem der Teufel unsere Gedanken verwirrt, macht er uns innerlich blind. Das erzählt uns anschaulich ein Wort der Wüstenväter:

Ein Altvater sagte: Wenn einem Tier die Augen verdeckt werden, dann geht es in der Mühle herum. Wenn es aber die Augen unverbunden hat, geht es nicht im Kreis der Mühle herum. So geht es auch mit dem Teufel. Wenn er dem Menschen die Augen verhüllen kann, stürzt er ihn in jegliche Sünde. Wenn aber seine Augen nicht verschlossen sind, kann er ihm leichter entrinnen. (Apo 1239)

Daher mahnen die Mönche zur Wachsamkeit. Wir sollen mit offenen Augen dem Bösen entgegentreten. Dann hat es keine Macht über uns.

Der Teufel als der »Durcheinanderwerfer« entzweit uns, er schafft eine innere Spaltung in uns. Er trennt uns von unserem Seelengrund und von unserem Herzen. Und er verleumdet uns. Er spricht schlecht von uns, damit wir uns selbst negativ sehen. Er nebelt uns ein mit Bildern, die uns von unserem Wesen entfremden und uns daher schaden. Er belügt uns. Und weil er uns belügt, ist er »ein Menschenmörder von Anfang an«. (Johannes 8,44). Er tötet unser Menschsein. Er entfremdet uns von dem ursprünglichen Bild, das Gott sich von jedem von uns gemacht hat.

Das andere Wort ist *Satan.* Es stammt vom hebräischen Wort »satanas«, das »Widersacher, Feind, böser Engel« bedeutet. Die Bibel kennt die bildhafte Erzählung vom Sturz der Engel: Luzifer, der Fürst der Engel, wollte selbst sein wie Gott. So fiel er mit seinen Anhängern von Gott ab und wurde in die Finsternis geworfen. Der Satan ist also letztlich ein böser, ein verfinsterter Engel.

Das Gleiche gilt von den Dämonen. Vom griechischen Wort und auch von der griechischen Philosophie her hat

»Dämon« eigentlich eine positive Bedeutung. »Daimon« bedeutet ursprünglich: göttliche Macht, Gott, Geschick. Der Dämon war der Verteiler und Zuteiler des Schicksals. Sokrates spricht vom Daimon als dem Seelenbegleiter, als der Kraft, die uns mit unserer Seele in Berührung bringt. Im christlichen Bereich wurden die Dämonen dann zu gefallenen Engeln. Und weil sie von Gott wegen ihres Ungehorsams verstoßen wurden, versuchen sie die Menschen von Gott zu entfremden und mit sich ins Verderben zu ziehen.

Alle drei Begriffe – Teufel, Satan, Dämonen – drücken eine Wirklichkeit aus, die wir nur in Bildern beschreiben können. Die Dogmatik sagt von allen dreien: Sie sind geschaffene geistige Wesen und personale Mächte. Aber was bedeutet dieser abstrakte Satz?

Zum einen: Dämonen oder Teufel sind geschaffene geistige Wesen. Sie sind also nicht ein Gegengott. Sie stehen nicht auf der gleichen Stufe wie Gott, sondern sind von Gott geschaffen, sind wie alles andere in dieser Welt Teil seiner Schöpfung. Und es sind geistige Mächte, also Mächte, die wir nicht sehen, sondern die hinter allem Sichtbaren stehen. Aber als geschaffene Mächte sind sie auch erfahrbar. Das Böse wird in dieser Welt sichtbar, spürbar.

Zum Zweiten: Die Dämonen und der Teufel sind personale Kräfte, aber keine Personen. Das ist eine wichtige Unterscheidung. *Der Teufel ist keine Person.* Ich kann weder den Teufel noch die Dämonen vereinzeln, so wie es in den bildhaften Darstellungen der Kunst immer wieder geschieht. Der Teufel oder der Dämon ist nur eine Kraft, die meinem Personsein schaden möchte, indem sie mich abschneidet von meinem wahren Personkern. Diese Macht kann sich ausdrücken in krank machenden Lebensmustern, in zerstörerischen Phantasien oder in chaotischen Tendenzen des Unbewussten, die mein innerstes Selbst aufzulösen drohen. Das Bild des Teufels drückt aus, dass diesen zerstörerischen Tendenzen in der menschlichen Seele eine Kraft zugrunde liegt, die wir nicht so leicht greifen können.

Dämonen – die Kraft von außen

Die frühen Mönche können uns in diesem Zusammenhang auch heute noch einiges sagen. Sie sprechen vom Dämonenkampf, den jeder Mönch durchstehen muss. Sie sind weniger daran interessiert, den Ursprung des Bösen zu erforschen. Sie beschreiben einfach das Böse, wie es sich zeigt. Dabei sprechen sie manchmal von Dämonen, manchmal auch von Leidenschaften, von Gedanken oder von »logismoi«, was man mit »gefühlsbetonte Gedanken oder Gedankengebäude« übersetzen könnte.

Diese Vermischung von Dämonen und Leidenschaften zeigt, dass die Dämonen nicht einfach böse sind, genauso wenig wie die Leidenschaften von Natur aus böse sind. Aber wenn die Leidenschaften den Mönch beherrschen, dann wird er böse und tut Böses. Der Weg der Reifung geht dahin, dass die Mönche sich vertraut machen mit den Leidenschaften und dass sie ihnen Grenzen setzen. Auf diese Weise können sie die Kraft, die in den Leidenschaften steckt, für sich selbst, für den Dienst an anderen und für ihre positive Entwicklung nutzen, ohne der Gefahr zu erliegen, von den Leidenschaften beherrscht zu werden. Es geht um innere Freiheit. Es geht um eine reife Selbsterkenntnis, in der man ständig mit dem Angefochtenwerden durch die Leidenschaften rechnet. Und es geht letztlich darum, dass der Mensch – wie es ein Psychologe einmal ausgedrückt hat – frei wird vom pathologischen Verhaftetsein an die »pathe«: an die »Leidenschaften«.

Wenn die Mönche von den Dämonen sprechen, die gegen sie kämpfen, dann verlagern sie das Böse nicht in den Menschen hinein. Es kommt von außen auf ihn zu, allerdings nicht von der Welt, sondern von den Gedanken und Leidenschaften, die vom Mönch Besitz ergreifen möchten. Aber die Mönche sind den Dämonen nicht hilflos ausgeliefert. Sie können mit ihnen kämpfen. Sie nennen sie beim Namen. Auf diese Weise gibt es ein Gegenüber, in dem man sich von den Dämonen distanzieren kann. Wenn alles Böse in mir ist, kann ich mich ja nicht dagegen wehren.

Was bei den Wüstenvätern auffällt, ist ihre Vertrautheit mit dem Bösen, aber zugleich auch ihre Freiheit von jeglicher Angst vor dem Bösen. Sie wissen um die Macht des Bösen. Aber das Böse macht ihnen keine Angst. Vielmehr weckt das Böse in ihnen die Lust, gegen das Böse zu kämpfen und es zu überwinden. Und sie kämpfen aus dem Vertrauen heraus, dass Christi Kraft, die ihnen im Heiligen Geist zuströmt, letztlich und auf jeden Fall stärker ist als das Böse.

Und noch etwas anderes wird deutlich, wenn wir die Erfahrungen der Wüstenväter bedenken: Sie haben erkannt, dass das Böse sich in unsere Gedanken, Gefühle und Leidenschaften einschleichen kann. Die Leidenschaften sind nicht von Natur aus böse. Böse werden sie nur, wenn wir ihnen nichts entgegensetzen können, wenn wir ihnen ohnmächtig unterliegen. Mit dieser Einsicht kommen die Wüstenväter und -mütter durchaus den Erkenntnissen der heutigen Psychologie nahe, die das Böse nicht als selbständige Macht sieht, sondern als eine Macht, die sich in den Strukturen der menschlichen Seele, in ihren Lebensmustern und in ihren verdrängten Bedürfnissen und Verletzungen einnisten kann.

Wenn wir die Bilder von Teufel, Satan und Dämonen mit den Anschauungen der heutigen Psychologie vergleichen, so können wir sagen: Wenn Dämonen geschaffene geistige Wesen sind, dann sind sie auch erfahrbar, das heißt, sie können sich zeigen in psychischen Komplexen, in der maßlosen Aggressivität aufgrund erlittener Verletzungen, in Rachegefühlen für angetanes Unrecht und vielem anderen mehr.

Die Frage ist, ob die Dämonen und der Teufel nur Bilder sind, auf die wir auch verzichten können, sobald wir uns auf die psychologische Begrifflichkeit einlassen. Für mich verweisen Teufel und Dämonen auf die Tiefendimension des Bösen und auf das große Geheimnis des Bösen.

Es besteht ja immer die Gefahr, dass wir das Böse nivellieren. Dann sagen wir: »Das Böse ist nichts anderes als negative Gedanken.« Doch damit verharmlosen wir das Böse. C. G. Jung fragt einmal: Was ist realistischer, zu sagen: Ich werde vom Teufel geritten. Oder zu sagen: Ich habe einen Komplex. Jung meint: Realistischer ist das Bild vom Teufel, der mich reitet. Denn dieses Bild vermittelt mir, dass das Böse mich in der Hand hat, dass es eine Macht ist, die von außen auf mich zukommt.

Jung nennt das Gute und das Böse »principia«. »Prinzip kommt von prius, das, was früher, was am Anfang ist.« (Jung 31) Wenn ich sage, ich habe einen Komplex, dann habe ich den Eindruck, ich hätte ihn, so wie ich etwas in der Hand habe. Doch in Wirklichkeit hat der Komplex mich. Er herrscht über mich. In den siebziger Jahren hat Herbert Haag ein Buch geschrieben: *Abschied vom Teufel.* Der atheistische Philosoph Ernst Bloch warf daraufhin Herbert Haag Naivität vor.

An den Teufel muss man nicht glauben oder ihn leugnen. Denn das, was der Teufel ausdrückt, ist eine Realität, die wir in unserer Welt einfach vorfinden. Das Böse in seiner Abgründigkeit umgibt uns. Der »Abschied vom Teufel« ist auch psychologisch gesehen naiv. Denn von der Psychologie her ist es sinnvoll, das Böse konkret zu benennen. Und wenn die Mönche die negativen Kräfte Dämonen nennen, dann können sie sich dagegen wehren. Sie wissen, wogegen sie kämpfen. Wenn das Böse etwas Anonymes ist, dann können wir uns dagegen kaum wehren.

Natürlich wurde vom Teufel manchmal psychologisch auch falsch gesprochen, wenn man das Böse nicht wirklich anschauen wollte und es nur nach außen projiziert hat. Gerade Menschen, die meinen, sie seien vom Teufel besessen, weigern sich oft, ihre psychische Struktur anzuschauen. Und sie gehen von einem Priester zum andern, um sich den Teufel austreiben zu lassen, anstatt sich ihrer eigenen Wahrheit zu stellen und sich mit ihrer Wahrheit Gott hinzuhalten.

Zu mir kam einmal ein Vater mit seiner zwanzigjährigen Tochter und meinte, sie sei vom Teufel besessen. Ich fragte, woran er das erkenne. Er erzählte, dass sie normalerweise ganz brav sei. Aber von Zeit zu Zeit stoße sie gotteslästerliche Flüche aus und beschimpfe Gott mit den übelsten Ausdrücken. Darin zeige sich der Teufel, der in sie fährt und sie besetzt hält. Wenn das wieder einmal geschah, dann fuhren die Eltern mit ihr zu einem Wallfahrtsort: nach Lourdes oder Fatima oder Altötting. Nach dem Besuch am Wallfahrtsort, so der Vater, gehe es eine Zeitlang wieder gut.

Ich bat, mit dem Mädchen allein sprechen zu dürfen. Ich fragte sie, wie sie das Zusammenleben in der Familie erfahre. Sie erzählte, wie tyrannisch die Eltern seien. Die Eltern hatten immer recht. Sie waren die Guten und die Tochter die Böse. Alles Böse war auf ihrer Seite konzentriert. Das machte sie eine Zeitlang mit, bis sie explodierte und Gott lästerte: jenen Gott, in dessen Namen ihre Eltern angeblich handelten.

Da wurde mir klar, dass die junge Frau nicht vom Teufel besessen war. Ihre Gotteslästerung war nur die Auflehnung gegen das rechthaberische Verhalten des Vaters. Beide spielten ein Spiel, von dem jeder einen Vorteil hatte. Die Eltern hatten den Vorteil, dass sie unfehlbar waren und sich nicht in Frage stellen lassen mussten. Die Tochter hatte den Vorteil, dass sie durch ganz Europa fahren konnte und dass sie mit ihrer Gotteslästerung den Eltern Angst machte. In diesem Augenblick hatte sie Macht über ihre machtbesessenen, kontrollsüchtigen Eltern.

Beide hatten Vorteile von ihrer Sicht. Aber ihre Sicht führte trotzdem in die Sackgasse. Doch der Vater wollte nur die Tochter ändern, anstatt sein eigenes Verhalten in Frage zu stellen.

Hier war also nicht der Teufel am Werk, sondern eine falsche Sicht der Wirklichkeit. Aber gerade das ist ja das

Werk des Teufels, des »diabolos«: dass er uns einnebelt und uns die Situation falsch sehen und einschätzen lässt. Die Eltern konnten ihre tyrannische Haltung mit Frömmigkeit rechtfertigen, anstatt die eigenen Minderwertigkeitsgefühle zu erkennen, die sich hinter ihrer Haltung versteckten. Sie brauchten das Bild des Teufels für die Haltung der Tochter, damit sie sich bei aller Minderwertigkeit grandios fühlen konnten.

Ich bin immer vorsichtig, wenn jemand davon spricht, dass er vom Teufel besessen ist oder dass er vom Teufel verfolgt wird. Da würde ich zunächst einmal die psychischen Strukturen des betreffenden Menschen anschauen. Vielleicht weigert er sich, seine eigenen Schattenseiten anzuschauen. Deshalb spaltet er sie von sich ab, indem er sie als teuflisch ansieht, als Verfolgung durch den Teufel. Damit bleibt er der Unschuldige. Er meint es ja gut. Alles Böse kommt nur vom Teufel. Er fühlt sich als Opfer der teuflischen Besessenheit. Aber er weigert sich, seine eigene Seele anzuschauen und das Dunkle, Chaotische und Zerstörerische in der eigenen Seele demütig anzuerkennen. Letztlich steckt hinter dieser Einstellung die Sichtweise, dass die Menschen selbst ganz und gar gut sind, nur fromm und nur liebevoll, und dass alles Böse nur vom Teufel kommt. Doch mit dieser spaltenden Sichtweise werden sie das Böse nie überwinden können.

Häufig nehmen solche Menschen irgendwann Zuflucht bei einem Exorzisten, auch heute noch. Nach meiner Erfahrung ist das eine zweifelhafte Zuflucht. Die Heilung soll durch einen Zauberspruch von außen erfolgen und nicht durch die mühsame persönliche Arbeit an der eigenen Seele. Doch eine echte Heilung geschieht nur dann, wenn ich alle meine Schattenseiten, die zerstörerischen und chaotischen Tendenzen meiner Seele Gott hinhalte und sie von der Liebe Gottes durchdringen und verwandeln lasse. Mit einem kurzen Eingriff von außen ist es da nicht getan.

Wenn die frühen Mönche von den Dämonen sprechen, dann meinen sie auch etwas, was von außen auf sie zukommt. Aber zugleich nennen sie die Dämonen auch Leidenschaften. Sie wissen also instinktiv und aus Erfahrung: Die Dämonen kommen von außen auf sie zu, aber sie haben auch etwas mit ihrer eigenen psychischen Struktur zu tun. Das Bild des Dämons hilft dem Mönch, das Böse beim Namen zu nennen und so damit zu ringen.

Die Mönche sprechen nicht von Besessenheit, sondern von der Anfechtung und Versuchung durch die Dämonen. Und sie ringen mit den Dämonen. Das ist etwas anderes, als wenn heute manche Menschen von Besessenheit sprechen. Dann meinen sie, ihre Psyche sei in Ordnung, sie seien lediglich Opfer einer dämonischen Besessenheit geworden. Manchmal projizieren sie die Dämonen in den teuflischen Einfluss bestimmter Menschen. Sie sprechen dann sofort von der satanischen Praxis des Nachbarn, der sie bedrängt. Sie spalten auf zwischen ihrer frommen Seele und den teuflischen Einflüssen von außen. Aber sie weigern sich, die Struktur ihrer Seele, den eigenen Schatten und die verdrängten Bedürfnisse und Aggressionen in sich selbst anzuschauen. Wie gern hätten sie es, wenn von außen jemand käme, der die Dämonen vertreibt und sie von der Last befreit, ohne dass sie etwas dazu tun müssen.

Die frühen Mönche gehen auch zu einem Altvater. Aber der vertreibt nie den Dämon. Er gibt vielmehr immer einen

Rat, wie die Einzelnen mit den Dämonen umgehen sollen. Und dieser Rat verwandelt immer ihre eigene Psyche. Die frühen Mönche nehmen den Menschen ernst, und sie trauen ihm zu, dass er an sich arbeiten und sich auf diese Weise vor der Bedrängnis durch die Dämonen schützen kann. Wer heute von Besessenheit spricht, der weigert sich oft, die eigene Psyche anzuschauen. Er verlagert das Böse nur nach außen. Doch gerade damit gibt er ihm eine Macht, der er nicht widerstehen kann. Er braucht dann andere Menschen, die ihn davon befreien, ohne dass er sich selbst zu wandeln braucht. Das ist Fremdbestimmung, die der Würde des Menschen widerspricht.

Teufelsbilder in der Kunst

Der Teufel war seit jeher ein beliebtes Motiv in der Kunst. Man hat den Teufel sowohl in Menschengestalt als auch in Tiergestalt dargestellt. In der Versuchung Jesu hat man ihn als den schönen Verführer verstanden. In der Ostkirche wird der Teufel oft im Zusammenhang mit der Höllenfahrt Jesu dargestellt. Er wird identifiziert mit dem personifizierten Hades, dem Reich der Unterwelt, in dem die Toten ihre Auferstehung erwarten. Christus schreitet über ihn hinweg und ergreift die Hände von Adam und Eva, um sie aus dem Hades herauszuführen. Manchmal liegt der Teufel gefesselt am Boden, im Osten oft still ergeben in sein Schicksal, im Westen als zorniger Satan, der sich aufbäumt und in die Fesseln beißt. Ein anderes Thema, bei dem der Teufel dargestellt wird, ist das Jüngste Gericht. Der Teufel ist der Höllenrachen, der die verdammten Seelen aufnimmt. Manchmal treiben kleine Teufel als zusätzliche Helfer die armen Seelen in den Höllenrachen. Auf diesen Bildern sind allerlei Scheußlichkeiten als Höllenstrafen dargestellt, nicht nur um den Betrachtenden Angst zu machen, sondern vor allem, um alles Böse zu personifizieren, Fleisch werden zu lassen.

Das Mittelalter stellt gerne die Heilungsgeschichten so dar, dass aus dem geheilten Mann ein kleiner Teufel herausfährt. Und bei vielen Heiligen ist der gefesselte Teufel dargestellt, der dem Heiligen zu Füßen liegt.

In diesen Bildern wird die Überwindung des Bösen sichtbar. Das Böse wird dargestellt, aber immer schon als überwunden und besiegt. In der Neuzeit werden oft Ritter, Tod und Teufel dargestellt. Der Ritter muss sich mit beiden Realitäten auseinandersetzen: mit dem Tod als Bild seiner Endlichkeit und Gefährdung und mit dem Teufel als dem Bild für das Böse, das ihm von außen begegnet, sich aber auch in seinem Herzen findet. Der Ritter ist der, der gegen Tod und Teufel kämpft.

Der Teufel der Literaten

Die Literatur liebt das Motiv des Teufels. Da gibt es das Motiv des Versuchers, aber auch des Teufelspaktes wie etwa im Roman von Thomas Mann, *Doktor Faustus.* Da schließt der geniale Musiker Dr. Leverkühn mit dem Teufel einen Pakt. Er kann wunderbare Musik komponieren, aber um den Preis, dass er keine Liebe spüren kann, dass er von seinem eigenen Herzen abgeschnitten ist. Damit greift Thomas Mann das Thema der Versuchung Jesu auf. Der Teufel hat uns etwas zu bieten: Macht, Genialität. Aber der Pakt mit dem Teufel hat immer einen hohen Preis.

Darum wissen auch die Märchen, in denen der Teufel manchmal hilft, aber immer einen hohen Preis dafür verlangt, wie etwa in dem Märchen »Das Mädchen ohne Hände«. Der Teufel verspricht dem armen Müller Reichtum, wenn er ihm das gibt, was hinter seinem Haus steht. Der Müller, ahnungslos und vom Gedanken an den Reichtum verblendet, denkt, es sei der Apfelbaum. Doch es ist seine Tochter, und auf sie hat es der Teufel abgesehen. Doch da die Tochter fromm ist und sich reinwäscht, bekommt der Teufel letztlich keine Macht über sie.

Goethe hat in seinem Drama *Faust* den Teufel als Mephisto dargestellt. Er kommt ähnlich wie Satan im Buch Hiob nach einer Art Wette mit Gott vom Himmel auf die Erde, um Faust zu versuchen. Faust gegenüber zeigt er sich als der Verführer. Auf die Frage Fausts, wer er sei, antwortet er: »Ich bin der Geist, der stets verneint! Und das mit Recht; denn alles, was entsteht, ist wert, dass es zugrunde geht; Drum besser wär's, dass nichts entstünde. So ist denn alles, was ihr Sünde, Zerstörung, kurz das Böse nennt, mein eigentliches Element.« Mephisto verführt Faust. Er zeigt ihm eine junge Frau, die all seine Sehnsucht erfüllen soll. Doch er stürzt Faust damit nur ins Unglück, und die junge Frau dazu. Er gaukelt ihnen etwas vor.

E. T. A. Hoffmann hat in der Romantik seinen Roman über *Die Elixiere des Teufels* geschrieben. Der Mönch Medardus trinkt aus der Flasche des Teufels und wird in sich gespalten. Erst als Medardus in die Klostereinsamkeit zurückkehrt, klären Reue und Einsicht seinen umwölkten Sinn, und er findet wieder zum inneren Frieden. E. T. A. Hoffmann zeigt in diesem Roman, wie gefährlich es ist, sich vom Teufel in seinen Bann ziehen zu lassen. Er spaltet den Menschen und verdunkelt sein Denken, so dass er nicht mehr klar denken kann. Der Teufel bringt sein Denken durcheinander als der »diabolos«, der alles durcheinanderwirbelt.

Moderne Bilder

Wenn wir uns heute fragen, wie das Böse aussieht, brauchen wir nicht unbedingt die Bilder von Teufel und Dämonen. Hannah Arendt, die jüdische Philosophin, die in der Nazizeit aus Deutschland ausgewandert ist, hat 1961 beim Eichmann-Prozess in Jerusalem festgestellt, »das Böse sei keineswegs dämonisch. Die moderne Gestalt des Bösen sei Seichtheit und Gedankenlosigkeit«. (Gronemeyer 112 f.) Sie spricht von der Banalität des Bösen. Der Sitz des Bösen, so sagt sie, steckt »in jeder Denkweigerung, in jeder aus Behaglichkeit nicht gestellten Frage, in jedem unterlassenen Zweifel«. (Ebd. 113)

Es gibt heute viele Formen des Bösen: die Oberflächlichkeit, die Banalität des Bösen, die Selbstverständlichkeit des Bösen. Da handeln bezahlte Killer im Namen der Drogenbosse oder der Mafia und ermorden zahllose Menschen. Und sie haben kein Schuldgefühl. Es gehört einfach zu ihrem Job. Da bringen Terroristen Menschen um und meinen, sie seien im Recht. Das Böse wird als das Selbstverständliche gesehen und oft genug sogar als das Gute hingestellt. Das ist typisch für den Teufel, den Gedankenverwirrer.

Das Böse tritt uns entgegen in Gestalten unserer Zeit. Wir sehen das Böse in Gestalten wie Hitler und Stalin, wie Assad und Milošević. Wir sehen das Böse in der organisierten Kriminalität, in der Mafia, die heute nicht mehr auf Italien beschränkt ist, sondern sich in allen Ländern ausbreitet. Man spricht von der Russenmafia, von der chinesischen, von der vietnamesischen Mafia, die noch brutaler sind als die italienische. Wir sehen das Böse in den Drogenkartellen, die bedenkenlos jeden ermorden, der sich ihnen in den Weg stellt, und in den Städten Südamerikas eine Schreckensherrschaft errichten. Vor ihrem Drang, unliebsame Menschen zu ermorden, können sich die Menschen nicht schützen. So wird ein Klima der Angst erzeugt, ein Klima des Bösen bestimmt eine ganze Stadt und ein ganzes Land.

Wir sehen das Böse in den Terroristen, die jedes Mitgefühl für das Leid der Menschen verloren haben und in ihrem Hass blind jeden umbringen, den sie in ihrem Fundamentalismus zum Feind erklären. Wir sehen das Böse in den Amokläufern, die willkürlich auf unschuldige Menschen schießen, um ihre eigene Verdemütigung zu rächen.

Wir sehen das Böse aber auch in Strukturen unserer Finanzwelt und Wirtschaftswelt. Da werden Firmen von der Konkurrenz zerstört, indem sie entweder aufgekauft oder aber verleumdet werden. Da können ein paar Spekulanten in den Investmentbanken ein ganzes Land zugrunde richten. Da werden Anleger um ihr Geld betrogen, weil gierige

Betrüger ihr Geld für eigene Zwecke nutzen. In der Finanzwelt versteckt sich das Böse. Es ist nicht unmittelbar sichtbar. Es tarnt sich hinter zwielichtigen Finanzgeschäften. Wenn dann die Wirtschaft eines ganzen Landes zusammenbricht, erkennt man, dass es oft kriminelle Machenschaften waren, die dem Land die solide Grundlage des Wirtschaftens entzogen haben. Reiche haben schamlos ihr Geld am Fiskus vorbei ins Ausland geschafft und so das Land in Armut gestürzt. Sie haben sich in Sicherheit gebracht, während die Armen eines Landes ihre Gier ausbaden müssen.

Das Böse zeigt sich in ungerechten Strukturen der Gesellschaft. In Brasilien werden die Einheimischen von ihrer Lebensgrundlage abgeschnitten, damit die Industrie einen Staudamm bauen kann. Die Mächtigen setzen sich durch. Die Reichen wollen immer mehr Besitz und beuten die Armen aus. Da gibt es keinen Schutz mehr für die Menschen. Die Macht der Reichen geht über die Bedürfnisse der Armen einfach hinweg. Das Böse zeigt sich in Firmen, die hemmungslos die Natur ausbeuten, die keine Rücksicht nehmen auf die Bevölkerung. Immer wieder lesen wir von Umweltskandalen. Um mehr Geld zu verdienen, geht man über alle Rechte der Menschen auf ein gesundes Leben hinweg und zerstört die natürlichen Lebensgrundlagen. Das Böse zeigt sich vor allem darin, dass die Rechte der Menschen nicht beachtet werden, dass man sie mit Füßen tritt.

Faszination des Bösen

Das Böse umgibt uns ständig. Wir brauchen nur die Tagesschau zu sehen oder in der Zeitung zu lesen. Der Polizeibericht erzählt uns täglich von Mord und Totschlag, von Betrug und brutalen Angriffen auf unschuldige Menschen, die beispielsweise zufällig in einer U-Bahn auf betrunkene Jugendliche stoßen. Die Zeitungen leben davon, dass sie uns ständig über das Böse berichten und dadurch die Neugier der Menschen befriedigen. Gute Nachrichten erregen nicht so sehr das Interesse der Menschen wie Nachrichten über Greueltaten oder über böse Machenschaften.

Warum ist das so? Offensichtlich übt das Böse auch auf uns seinen Reiz aus. Auf der einen Seite entrüsten wir uns über das Böse. Und indem wir uns über das entrüsten, was die Zeitungen berichten, brauchen wir das Böse im eigenen Herzen nicht anzuschauen. Auf der anderen Seite aber gibt es die Faszination des Bösen: Dass da Menschen sich über alle Gebote und Grundsätze der Menschlichkeit hinwegsetzen, dieser Gedanke löst etwas in uns aus. Das hat etwas mit unserem Wunsch nach Freiheit, nach Ungebundenheit, nach dem Ausloten unserer Grenzen zu tun. Der Bericht über einen Amoklauf führt zu neuen Amokläufen. Offensichtlich reizt uns das Böse, es den Bösen nachzutun und uns in scheinbarer Freiheit über alle Gebote hinwegzusetzen.

Im Fernsehen sind Krimiserien beliebt. An manchen Abenden wird selbst in den öffentlich-rechtlichen Programmen ein Krimi nach dem anderen gesendet. Der *Tatort* am Sonntagabend ist für viele Deutsche fester Bestandteil ihrer

Wochenendrituale. Krimis und brutale Thriller versprechen hohe Einschaltquoten. In der Ankündigung dieser Filme lässt die Werbung nichts unversucht, um die Angst vor dem Bösen eindrucksvoll zu inszenieren. Warum haben Krimis und brutale Filme im Fernsehen Hochkonjunktur? Was sagt das über unsere Gesellschaft aus? Ist es die Faszination, die vom Bösen ausgeht, das keine Grenzen kennt? Ist es der Reiz, jede Grenze zu überspringen und das Böse zu tun, das eigentlich jedem menschlichen Empfinden widerstrebt? Oder ist es doch vor allem die Sehnsucht, dass die anfängliche Unordnung zum Schluss wieder zur Ordnung wird, weil der Kommissar, weil die Ermittlerin das Böse aufdeckt und auflöst und die Schuldigen »zur Strecke bringt«? Ist es doch die Sehnsucht, dass da einer alles wieder heil macht, was in unserer Welt aus den Fugen geraten ist?

Es gibt sicher viele Motive, dass Menschen sich gerne Krimis anschauen. Manche sagen, sie würden dadurch entspannt, sie könnten den Ärger vergessen, den sie von ihrem Arbeitsplatz mitbringen. Sie sehen offensichtlich in dem Mord, der aufgeklärt wird, ein Bild für das Böse, das sie in der Firma erfahren haben. Es wird nur auf oft brutale Weise schonungslos dargestellt. Aber es gibt dann eben jemanden, der für Ordnung sorgt. Vielleicht steckt die Sehnsucht dahinter, dass doch auch in der Firma jemand wieder die Ordnung herstellt, damit dort das Böse sich nicht immer mehr Raum verschafft in den Intrigen, denen man täglich ausgesetzt ist. Das ist ein mögliches Motiv.

Ein anderes Motiv ist die Verdrängung des Bösen im eigenen Herzen. Man schaut sich lieber das Böse an, das im Film gezeigt wird. Es ist die böse Welt, das Böse außerhalb von mir. Indem ich es anschaue, brauche ich mir das Böse im eigenen Herzen nicht einzugestehen. Das Anschauen oder auch das Lesen von Thrillern und Krimis entlastet daher die Seele. Sie lenkt sich ab, um der eigenen Wahrheit zu entgehen.

Doch das ist keine wirkliche Lösung. Auf diese Weise wird das Böse nicht verwandelt, weil wir ihm innerlich eben nicht begegnen. Ein solcher »Konsum des Bösen« kann uns sogar abstumpfen lassen, uns unempfindlich für das Böse machen und so wiederum zu bösem Verhalten führen.

Das Böse zeigt sich aber auch im persönlichen Leben. Da gibt es die gemeine Bosheit des Bürokraten, »der aus Schikaniersucht machtlose und hilfsbedürftige Antragsteller warten und betteln lässt«. (Görres 71) Da werden andere Firmen, die als Konkurrenten gelten, schlechtgemacht. Man wirft ihnen öffentlich ein Fehlverhalten vor, um sie bewusst zu schädigen. Da verbreitet man über einen Menschen, den man nicht mag oder auf den man neidisch ist, irgendwelche Gerüchte, um ihn in der Öffentlichkeit fertigzumachen. Rufmord ist heute eine weitverbreitete Weise, wie das Böse sich zeigt.

Das Böse kann sich dabei oft hinter der Maske der Redlichkeit verstecken: Man möchte ja nur Fehler aufdecken. Man ist ja an der Reinigung der Gesellschaft interessiert. Doch das ist gerade das Raffinierte am Bösen: dass es sich hinter der Maske des Guten verstecken kann. Es merkt dann keiner, wie viel Bosheit einen antreibt, in den Fehlern des andern zu wühlen. Das Böse zeigt sich im hartnäckigen Festhalten an Vorurteilen, die mir einen Vorteil bringen. Wir geben unsere Vorurteile nicht zu, sondern verbergen sie hinter rational klingenden Begründungen. Albert Görres spricht von »eigensinnig getarnten und verteidigten Vorurteilssystemen, die das handgreiflich Böse bis zum Grauenhaften wachsen lassen können, bis zu Hexenprozessen, Vernichtungslagern und Atomkriegen«. (Görres 70)

Und das Böse zeigt sich in der Unzufriedenheit mit der Welt, mit all ihren Grenzen, an die ich mich halten muss. Das Böse protestiert gegen diese Welt. Es möchte eine andere Welt: eine Welt, in der die Bedürfnisse des Ego uneingeschränkt gelebt werden können, ohne Rücksicht auf andere. Der Mensch möchte immer mehr, als ihm zusteht. »Das Bedürfnis des Menschen, mehr Anteil zu haben am Sein, an der Fülle des Lebens, diese universale Habsucht ist die Wurzel aller Unruhe, des Herzens, des Geistes und der Sinne.« (Görres 89) Das Böse zeigt sich also letztlich in der Maßlosigkeit, die auch eine der sieben Todsünden darstellt, wie sie die alte Kirche beschrieb.

Man könnte alle Todsünden aufzählen, um das Böse in unserer Welt zu beschreiben:

- die Habsucht, die sich auch als Geiz zeigt
- die Wollust, in der man kein Maß findet
- die Völlerei, die glaubt, wir könnten nur glücklich sein, wenn wir alles konsumieren, was wir mit Händen greifen können
- die Trägheit, in der man sich nicht aufrafft, selbst die Verantwortung für sein Leben zu übernehmen
- den Zorn, der sich in Groll und Bitterkeit ausdrückt oder aber in Explosionen des Hasses und der Gewalt

- den Neid, der uns glauben lässt, wir würden nicht bekommen, was uns zusteht
- die Hybris, die uns dazu verleitet, uns über andere zu erheben, zu glauben, andere hätten weniger Wert und damit auch weniger Rechte als wir

Selbst gewählte Einsamkeit

Eine andere Weise, wie sich das Böse zeigt, ist die »träge Verdrossenheit, die sagt, ich gehöre mir, ich will niemand lieben, niemandem helfen, niemand dienen, für niemand Zeit haben und da sein«. Görres vermutet, »dass diese verdrossene Verweigerung des Guten, die eine vergiftende untergründige Feindseligkeit mit sich bringt, eine hohe Wachstumsrate hat«. (Görres 90)

Zu dieser trägen Verdrossenheit gesellt sich aber auch noch eine andere Erscheinungsform des Bösen: Man möchte sein Glück und sein Wohlbefinden ohne Rücksicht auf die andern durchsetzen. Es geht immer nur um die Befriedigung der eigenen Bedürfnisse. Die andern zählen nicht. Die andern werden als Feinde für mein Wohlergehen betrachtet und behandelt. Das zerstört alle gesunden Maßstäbe, die dem Menschen von Natur aus mitgegeben sind. Sigmund Freud nennt das Eigensucht. In ihr »möchte sich der Mensch in die Mitte der Wirklichkeit stellen; alles andere, nicht nur Sachen, sondern auch Personen und selbst Gott sollen ihm zur Verfügung stehen und ihm dienen«. (Görres 112)

Diese Selbstsucht oder Eigensucht zeigt sich allzu oft in Beziehungen zwischen Mann und Frau. Da wird die Frau zum ausschließlichen Sexualobjekt. Sie dient nur der Befriedigung der eigenen Bedürfnisse. Da geschehen dann tiefe Verletzungen. Nicht die Sexualität ist böse, sie ist vielmehr in sich gut. Aber sie kann wie alles andere auch – wie etwa die Lust am Essen und am Besitzen – verfälscht werden, maßlos werden. Die drei Grundtriebe – Essen, Sexualität und Besitzstreben – können uns antreiben zum Leben, ja, sie können uns sogar zu Gott hin treiben. Aber sie können auch, wenn sie nur der Selbstsucht dienen, zur Sucht werden: zur Esssucht oder Magersucht, zur Sexsucht und zur Habsucht. Die Süchte führen dann zu bösem Verhalten: zur Ausbeutung der Natur, des Menschen und zur rücksichtslosen Durchsetzung meiner eigenen Bedürfnisse nach Besitz und Reichtum.

Masken und Verkleidungen

Oft genug versteckt sich das Böse hinter einer Maske. Da ist die Maske der Wahrhaftigkeit, hinter der man sich versteckt, um ständig in den Fehlern anderer herumzuschnüffeln und sich über sie zu entrüsten. Da ist die Maske der Viktimisierung, vor der Pascal Bruckner, ein französischer Philosoph, so eindringlich warnt. Es ist die Maske des Opfers. Ich fühle mich immer als Opfer. Schuld an meiner Misere sind immer die anderen. Ich selbst bin schuldlos. Wenn es mir schlechtgeht, müssen andere daran schuld sein. Und diese Schuldigen muss ich zur Rechenschaft ziehen. Die

Maske des Opfers rechtfertigt dann, dass ich andere im Namen der Gerechtigkeit vernichte.

Das Böse versteckt sich hinter der Maske der Niedertracht, in der ich es nicht aushalten kann, dass es Menschen gibt, zu denen man aufschaut. Man muss sie herunterziehen, in den Staub zerren, damit alle ihren Dreck auf sie werfen können.

Zerstörte Familien

Das Böse begegnet uns aber nicht nur in der Gesellschaft, nicht nur in den Medien. Manchmal begegnet es uns hautnah in der eigenen Familie. Da betrügt ein Mann seine Frau, indem er nebenbei eine Geliebte hat. In Gesprächen höre ich von erschütternden Erfahrungen des Bösen im engsten Familienkreis. Da berichtet ein Vater, dass seine Tochter von einem Arbeitskollegen ermordet worden ist. Die Familie hat das Böse in der Ermordung der eigenen Tochter, der eigenen Schwester schmerzlich erlitten. Und es ist nicht leicht für die Familie, mit diesem Bösen umzugehen. Eine Frau erzählte mir, dass ihr Vater sie und ihren Freund in der DDR-Zeit ins Gefängnis gebracht hat. Sie hat das erst nach der Wende erfahren. Der Verrat durch den Vater hat ihr Vaterbild völlig zerstört. Ihr Vater ist für sie tot. Doch das Böse wirkt sich weiter in der Familie aus. Die Familie ist nicht daran interessiert, die Wahrheit zu erfahren. Im Gegenteil: Die Tochter, die die Wahrheit aufgedeckt hat, wird aus der Familie ausgestoßen. Sie ist die Nestbeschmutzerin. Man möchte lieber das heile Bild des

Vaters aufrechterhalten, als sich dem Bösen zu stellen, das durch den Vater in der Familie geschehen ist.

Ein Ehepaar erzählt mir erschüttert, dass ihr eigener Sohn sich selbst und seine Freundin getötet hat. Durch diese Tat ist die ganze Familie in ihren Grundfesten erschüttert worden. Das Böse hat die Familie zerstört. Sie kann mit dieser bösen Tat nicht umgehen.

Das Böse zeigt sich in der Familie in der Gestalt jener erbitterten Feindschaft, die zwischen Geschwistern manchmal nach dem Tod der Eltern bei den Erbschaftsstreitigkeiten entsteht. Da will man dem andern nur noch schaden. Man gönnt ihm nichts. Lieber soll alles zerstört werden, als dass man dem andern nachgeben würde. Es ist wie ein Sog des Hasses und der Zerstörung, der auf einmal in den Geschwistern entsteht und alles in den Abgrund zieht, was die Eltern mühsam aufgebaut haben. Das Böse ist uns also nicht fern. Es kann in jeder Familie ganz unvermittelt und ganz konkret erfahren werden.

In den Tiefen der Seele

Und das Böse ist in mir selbst. Da tauchen auf einmal sadistische Gedanken in mir auf. Ich möchte den, der mich verletzt hat, am liebsten zerstören und ihm vorher noch unerträgliche Schmerzen zufügen. In uns allen gibt es sadistische und masochistische Tendenzen. In jedem, ausnahmslos jedem Menschen gibt es die Lust am Zerstören, die Lust am Quälen. Und es gibt auch in uns die Lust, die Grenzen des Erlaubten zu überschreiten und einfach nur zu tun, was unserem Bedürfnis nach Grandiosität entspricht.

Die negativen Größenphantasien, die die Amokläufer zu ihrem perfiden Tun geführt haben, gibt es auch in unseren Gehirnen. Niemand ist gefeit gegen die Tendenz zum Bösen, gegen die Lust am Bösen, gegen den Reiz, den das Böse auf uns ausübt. Die Frage ist, wie wir mit dem Bösen in uns, in unserer Familie und in unserer Gesellschaft umgehen. Doch davon soll später noch ausführlich die Rede sein.

Das Böse – woher kommt es?

Alle Religionen haben ihre eigenen Mythen erzählt, um den Ursprung des Bösen zu erklären. Die Religionswissenschaft zeigt, dass das Böse oft erlebt wird »als unberechenbares Treiben von Dämonen, Geistern und Genien aller Art, die sich eines Menschen bemächtigen und ihm allerlei Schaden zufügen«. (RGG I, 1704) In vielen Religionen wird das Böse in Gott oder in die Götter hineinprojiziert. Die Götter sind ambivalent. Sie können schützen, aber auch töten und maßlos wüten. Das Böse ist »das Widerwärtige, das Ordnung und Existenz Bedrohende, darum Gefürchtete und Gemiedene«. (RGG I, 1703)

Im Christentum wird das Böse Gott untergeordnet. Nicht Gott ist böse, sondern das Böse ist das Widergöttliche. Aber es steht nicht auf der gleichen Ebene mit Gott. Es kann nur so weit wirken, wie Gott es zulässt. Im Alten Testament ist das eigentlich Böse der Abfall von Gott. Die bösen Taten haben negative Auswirkungen auf die Menschen. Sie können durch die Bestrafung des Übeltäters oder aber auch durch rituelle Handlungen getilgt werden. Das böse Handeln des Menschen führt zum Gericht Gottes, in dem das Böse bestraft und aus der Welt geschafft wird.

Es liegt im Wesen von Philosophie und Theologie, sich über das Böse Gedanken zu machen. Aber alle Erklärungen sind immer nur der Versuch, das Vorhandensein des Bösen, das sich nicht leugnen lässt, mit der Idee des eigentlich guten Gottes in Einklang zu bringen. Und letztlich führen alle Versuche, den Ursprung des Bösen zu erklären, nicht zu einer befriedigenden Lösung. Es sind immer nur mehr oder weniger hilflose Versuche, das Unbegreifliche zu begreifen.

Für Pythagoras ist die Eins, Symbol der Einheit, die Fülle und das Gute schlechthin. Für das Böse steht die Zwei, Symbol der Entzweiung: »Die Entzweiung bedeutet den schmerzlichen Verlust der ursprünglichen Einheit und den Beginn allen Übels.« (LThK 603) Vor allem der Neuplatoniker Plotin versteht das Böse als den Verlust der Einheit. Und seine Lehre wurde auch von christlichen Theologen, vor allem von Thomas von Aquin, aufgenommen. Das Böse existiert danach nicht in sich selbst, sondern besteht in der Negation des Guten, im Mangel an Gutem (»privatio boni«), in der Entzweiung der ursprünglichen Einheit.

Augustinus sieht das Problem des Bösen in Zusammenhang mit der Freiheit. Safranski schreibt von ihm: »Augustin vertieft sich in die Freiheit des Geistes und entdeckt dabei die Abgründe des Bösen. Offenbar kann man das Böse um seiner selbst willen wollen. Es ist aber dieselbe Freiheit, die an diese Abgründe führt und andererseits die ekstatischen Seelenaufschwünge möglich macht.« (Safranski 52)

Das heißt: Wir sind frei, das Gute zu wollen, aber auch das Böse. Darin liegt das Geheimnis des Menschen und seine ungeheure Verantwortung. Nach seiner Bekehrung sieht Augustinus das Wesen des Bösen darin, sich Gott gegenüber zu verschließen und dadurch sein eigenes Menschsein zu verraten. Denn der Mensch wird erst zum wahren Menschen, wenn er die Öffnung zu Gott, wenn er seine Transzendenz lebt.

Augustinus kann das Böse auch Ungehorsam gegenüber Gott nennen. Wenn der Mensch nicht Gottes Willen gehorcht, kann er auch sich selbst nicht mehr gehorchen. Er gehört sich selbst nicht mehr. »In diesem Augenblick geraten Seele und Körper in ein verfeindetes Verhältnis. Das menschliche Wesen befindet sich in innerem Aufruhr, es tobt eine Art Bürgerkrieg.« (Safranski 59) Aus diesem inneren Bürgerkrieg entsteht alles Böse. Und daraus entsteht auch das, was Augustinus Sünde nennt. »Sünde ist nicht die einzelne moralische Verfehlung, sondern die Zerrüttung der menschlichen Natur infolge der Abwendung von Gott.« (Ebd.) Die Sünde, die uns von Gott absondert – das ist die wortwörtliche Bedeutung von »Sünde« = »absondern, abtrennen« –, führt uns in die Orientierungslosigkeit. Und daraus erwachsen dann die moralischen Verfehlungen, das moralisch Böse.

Die jüdische philosophische und theologische Richtung der Kabbala hat das Böse in seiner Dimension der Abtrennung und Abspaltung in Gott selbst hineingelegt. Das Böse ist eine Entzweiung in Gott selbst. Es ist ein Teil Gottes. Diese Idee wurde von Jakob Böhme und später vom Philosophen des Idealismus, Friedrich Wilhelm Joseph Schelling, aufgegriffen.

Platon hat das Böse als Aufstand und Widerstand gegen die Gesetze verstanden. Das Böse ist letztlich ein Ungehorsam gegenüber den göttlichen Gesetzen. Diese Idee Platons wurde von Paulus übernommen. Für Paulus wird der Ungehorsam gegenüber dem Gesetz zur Sünde. In der späteren Philosophie, vor allem bei Nietzsche, spricht man von der Selbstherrlichkeit des Bösen und von der Ästhetik des Bösen. Das Böse fasziniert die Menschen. Es hat seinen eigenen Reiz.

In der Aufklärung wird das Böse dann aber verharmlost. Das Böse ist letztlich das Vernunftwidrige oder der Mangel an Vernunft. Wer das Böse tut, verfehlt »seine essentielle Natur, seine Vernunftnatur, und sinkt herab auf die Stufe der natürlichen Natur. Nicht diese natürliche Natur ist das Böse, sondern das Verfehlen und Verspielen der Vernunft-Natur. Verblendete Eigensucht, träge Schlaffheit und viele andere Gründe können die Ursache dafür sein.« (Safranski 177) Diese Verherrlichung der Vernunft erreicht bei dem deutschen Philosophen Immanuel Kant ihren Höhepunkt. Für ihn steht die Freiheit des Menschen im Zentrum. Doch diese Freiheit ist nicht willkürlich. Vielmehr wird für Kant »das Sollen zum Inbegriff der Freiheit«. (Ebd. 191)

Dieses Sollen bekundet sich im Gewissen. Wenn der Mensch der Stimme seines Gewissens folgt, »dann triumphiert im Menschen sein geistiges Wesen, was für Kant nichts anderes als die moralische Freiheit ist«. (Ebd.) Bei Kant wird die Religion damit aber auch zur reinen Moral. Oder wie es Safranski ausdrückt: »Der leere Himmel draußen wird durch den inneren Himmel der Sittlichkeit kompensiert.« (Ebd.)

Doch diese rein moralistische Sicht des Menschen kommt schon bald an ihre Grenze. Kants Bild des Bösen ist zu harmlos. Kant kann sich die tatsächliche Macht des Bösen gar nicht vorstellen. Der Marquis de Sade, ein Zeitgenosse Kants, hat die Absolutierung der Freiheit in die entgegengesetzte Richtung entfaltet. »So wie Kant das absolut Gute, so sucht Sade das absolut Böse.« (Ebd. 195) Er durchbricht alle Gesetze und alle Vernunft. Die Vernunft dient nur dazu, die Lust umso größer werden zu lassen. Und mit Lust ist hier nicht nur die exzessive sexuelle Lust gemeint, sondern generell das Überschreiten jeglicher Grenzen. Nicht umsonst hat diese Form von Lust den Namen »Sadismus« bekommen, den die Psychologie heute als Erscheinung einer psychischen Deformation versteht.

Wer also das Böse rein menschlich und vernünftig erklären will, kommt an seine Grenzen. Und das Überschreiten aller Grenzen hat das Böse in unserer Zeit so viel Schrecken und Angst erzeugen lassen.

Die Antwort der Bibel

Die Bibel versucht den Ursprung des Bösen mit der Sündenfallgeschichte zu erklären. Aber diese Geschichte ist ein Mythos und keine philosophische Erklärung. Dort begegnet dem Menschen die Schlange als die personifizierte Macht des Bösen. Die Schlange ist von Gott erschaffen, und dennoch macht sie sich voller Arglist an den Menschen heran, um ihn zur Übertretung des von Gott erlassenen Verbotes zu überreden.

Über diese Geschichte haben die Theologen viel nachgedacht. Die philosophisch gebildeten unter ihnen haben daran Anstoß genommen, dass Gott ja in der Schlange die Versucherin zum Bösen selbst geschaffen hat. Woher kommt also das Böse? Wenn man diesen Gedanken zu Ende denkt, hat Gott selbst den Widersacher und Versucher geschaffen. Psychologisch hat Eugen Drewermann diese Geschichte ausgelegt. Für ihn ist die Urversuchung des Menschen: sein zu wollen wie Gott. Der Mensch hat im Paradies gespürt, dass er nicht Gott ist, sondern ein Geschöpf Gottes. Als die eigentliche Ursache des Bösen sieht Drewermann die Angst an, die daher rührt, dass der Mensch seine Brüchigkeit erkennt und eben nicht im vollen Besitz seiner selbst ist wie Gott. Die Angst ist jene Macht, »die uns dahin führt, zu ›sündigen‹, d.h. von unserem eigentlichen Lebensplan abzuweichen, uns selber immer mehr von uns zu entfremden und in einer geradezu perversen und krankhaften Art zu existieren«. (Drewermann II 150) Die Angst verstellt uns Menschen den Blick auf den tragenden Grund unseres Daseins. »Daraus folgt notwendig das verzweifelte, von vornherein zum Scheitern verurteilte Bemühen, wie Gott sein zu wollen und alles Menschliche mit seinen Begrenztheiten, Kleinlichkeiten und Unvollkommenheiten von sich abzuschütteln.« (Ebd. 151)

Andere Psychologen – vor allem C. G. Jung – verstehen den Sündenfall als Bewusstwerdung des Menschen. Für Jung stellt die Sündenfallgeschichte »den psychologisch notwendigen Schritt zur Individuation, zur Bewusstwerdung dar«. (Drewermann II 139) Im Sündenfall ist der Mensch aufgewacht aus seinem paradiesischen Zustand.

Doch Drewermann sieht darin keine angemessene Deutung der biblischen Sündenfallgeschichte, sondern nur eine interessante Weise, die Bilder der Bibel so zu deuten, dass sie in den menschlichen Prozess der Selbstwerdung passen. Doch findet Drewermann bei Jung durchaus bedenkenswerte Ansätze. Er zitiert mit Zustimmung einen Satz Jungs, in dem er erklärt, warum das Sein-Wollen wie Gott die notwendige Folge aus der Leugnung Gottes ist: »Wenn … jemand auf die seltsame Idee kommt, Gott sei tot, oder sei überhaupt nicht, so kehrt das psychische Gottesbild, welches eine bestimmte dynamische und psychische Struktur darstellt, ins Subjekt zurück und erzeugt ›Gottähnlichkeit‹, nämlich alle jene Eigenschaften, die … zur Katastrophe führen.« (Drewermann II 151) Das Gottesbild ist so stark im Menschen, dass es sich nicht verdrängen lässt. Wenn man Gott leugnet, so bewirkt diese Leugnung, dass man sich selbst an die Stelle Gottes setzt. Und darin sieht Drewermann die eigentliche Versuchung, von der uns die biblische Sündenfallgeschichte erzählt. Aus dieser Gleichsetzung mit Gott folgt dann all das Böse, das die Bibel in den ersten elf Kapiteln der Genesis erzählt: Kain tötet seinen Bruder Abel, die Menschen halten sich nicht an die Gebote. So nimmt die Bosheit zu, und Gott vernichtet irgendwann alle bösen Menschen in der Sintflut.

Und nach der Sintflut endet diese Geschichte der Bosheit schließlich im Turmbau von Babel. Die Bewohner von Babel wollen einen Turm bauen mit einer Spitze bis zum Himmel, um sich auf Erden einen Namen zu machen. Doch Gott zerstreut die Menschen, indem er ihre Sprache verwirrt.

Die Sprachverwirrung ist eine *Folge* der Bosheit. Und zugleich kann die Sprachverwirrung auch *Ausdruck* des

Bösen sein. Das Böse zeigt sich in unserer Zeit gerade darin, dass wir keine gemeinsame Sprache mehr sprechen, dass jeder die Worte so gebraucht, wie er sie möchte, und dass keine Klarheit mehr herrscht und keine wirkliche Kommunikation, in der man den andern wirklich verstehen kann und will. Mit der Sprache breitet sich die Lüge aus. Die Worte sind nicht mehr gedeckt durch die Wirklichkeit. Sie deuten beliebig, was ist, und verwirren dadurch die Menschen und treiben sie auseinander.

Jung und seine Schüler beziehen sich vor allem auf die Aussage der Schlange: »Sobald ihr davon esst, gehen euch die Augen auf; ihr werdet wie Gott und erkennt Gut und Böse.« (Genesis 3,5) Vor dem Sündenfall hat der Mensch das Böse und Gute gar nicht unterscheiden können. Diese Fähigkeit zur Unterscheidung zwischen Gut und Böse macht ihn Gott ähnlich. Und das – so sagt es die biblische Geschichte – will Gott verhindern. Er hatte Adam gesagt: »Sobald du davon isst, wirst du sterben.« (Genesis 2,17) Die Schlange widerspricht Gott: »Nein, ihr werdet nicht sterben.« (Genesis 3,4)

Bis zu diesem Satz hatten Adam und Eva den Baum der Erkenntnis von Gut und Böse gar nicht richtig wahrgenommen. Jetzt erkennt Eva auf einmal, wie schön es wäre, von diesem Baum zu essen. Sie spürt einen Reiz, das Gebot Gottes zu übertreten. Und so gibt Eva der Versuchung durch die Schlange nach – mit drei Begründungen. Sie sah, »dass es köstlich wäre, von dem Baum zu essen, dass der Baum eine Augenweide war und dazu verlockte, klug zu werden«. (Genesis 3,6)

Die erste Begründung lautet also: Das Böse zieht an. Es verführt. Die verbotenen Äpfel schmecken irgendwie besonders gut. Es ist der Reiz, ein Gebot zu übertreten, sich frei zu fühlen von aller Einengung durch Gebote und Verbote. Der Reiz, Grenzen auszuloten und zu überschreiten.

Die zweite Begründung: Der Baum ist schön. Das ist die Ästhetik des Bösen. Das Schöne ist für die Bibel durchaus eine Spur, die Gott selbst in die Schöpfung gelegt hat. Gott sah, dass alles sehr schön war. (Genesis 1,31) Aber es gibt auch eine Schönheit des Bösen, die den Menschen blendet und ihn blind macht für die wahre Schönheit Gottes.

Und die dritte Begründung: Der Mensch wird klug, wenn er das Gebot übertritt. Das Böse verführt den Menschen mit der Aussicht, klüger zu werden, etwas zu erkennen, was der Gesetzestreue nicht erkennt. Er wird die Augen aufmachen und selbst erkennen, was gut und böse ist. Doch diese vermeintliche Klugheit wird in ihr Gegenteil verkehrt. Adam und Eva erkennen nicht Gott und auch nicht das Gute und das Böse. Sie erkennen nur, dass sie nackt sind. Sie schämen sich voreinander und verlieren ihre Unschuld, ihre unschuldige Freude an sich selbst und ihrem Gegenüber. Tatsächlich verlieren sie die Fähigkeit, sich selbst und den andern so anzunehmen, wie sie sind.

Die Bibel kennt aber noch einen anderen Mythos, um das Böse zu erklären. Es ist der Mythos des Engelsturzes. Er erscheint zuerst beim Propheten Jesaja: »Ach du bist vom Himmel gefallen, du strahlender Sohn der Morgenröte. Zu Boden bist du geschmettert, du Bezwinger der Völker. Du aber hattest in deinem Herzen gedacht: Ich ersteige den Himmel; dort oben stelle ich meinen Thron auf, über den Sternen Gottes; auf den Berg der Götterversammlung setze ich mich, im äußersten Norden. Ich steige weit über die Wolken hinauf, um dem Höchsten zu gleichen. Doch in die Unterwelt wirst du hinabgeworfen, in die äußerste Tiefe.« (Jesaja 14,12–15)

Hier geht es um den Stolz des Anführers der Engel. Er wollte sich über Gott erheben. So hat Gott ihn in die tiefste Finsternis geworfen. Der zweite Petrusbrief bezieht sich auf diesen Mythos, wenn er schreibt: »Gott hat auch die Engel, die gesündigt haben, nicht verschont, sondern sie in die finsteren Höhlen der Unterwelt verstoßen und hält sie dort eingeschlossen bis zum Gericht.« (2 Petrus 2,4) Auch hier ist das Böse ursprünglich als guter Engel geschaffen worden. Doch der Stolz, die Weigerung, Gott anzubeten und sich ihm zu unterwerfen, hat dazu geführt, dass die Engel gestürzt wurden, dass aus guten Engeln böse Dämonen wurden.

Die Antwort der Theologie

Die kirchliche Dogmatik hält demgegenüber fest, dass das Böse nicht von Gott als etwas Selbständiges geschaffen wurde. Es bricht vielmehr aus der geschöpflichen Freiheit hervor. Es ist etwas Irrationales, etwas, was gegen das Wesen des Menschen und seines Verstandes steht. Die Theologie versucht, den Weg zu finden zwischen den beiden Extremen, die sie vermeiden möchte: Auf der einen Seite steht der Dualismus, in dem das Böse ein Gegenspieler Gottes ist und auf der gleichen Ebene angesiedelt ist wie Gott. Gott und das Böse sind dann zwei Mächte, die im Streit miteinander liegen. Auf der anderen Seite steht die Neigung, das Böse in Gott selbst zu verlagern. Diese Position finden wir in der Gnosis. Albert Görres wirft auch C. G. Jung vor, dass er sich in seinen psychologischen Ausführungen letztlich auf theologisches Gebiet vorwagt und gnostische Ideen vertritt. Davon distanziert sich Görres. Er meint, für Jung gehöre »das Böse zum Göttlichen. Ich kann und will nur eine Gottheit anbeten, die anbetungs*würdig* ist. Nur ein heiliger Gott ermöglicht eine menschenwürdige Religion. Wenn ich wie *Jung* von der Gottheit sage, dass sie auch das Böse enthält, dann sage ich, dass die Gottheit auch verachtungswürdig ist. Ich müsste lügen, wenn ich einen verächtlichen Gott verehren könnte.« (Görres 237, Anm. 11)

Die katholische Theologie folgt bis heute im Wesentlichen dem Ansatz des großen mittelalterlichen Theologen Thomas von Aquin. Er sieht die Ursache des Bösen in der menschlichen Freiheit: »Der Mensch ist in die Geschichte entlassen als Bild Gottes mit der Möglichkeit, es zu verraten. Der Mensch ist essentiell Bild Gottes, dem existentiell gerecht zu werden seine natürliche Kraft nicht ausreicht.« (Bernhart 193)

Thomas von Aquin macht es sich nicht einfach, die Würde des Menschen und seines Willens, der von Natur aus das Gute will, mit dem Bösen zusammen zu denken. Bernhard Welte formuliert die Schwierigkeit, das Böse und den menschlichen Willen zusammen zu denken, so: »Wenn es überhaupt Böses gibt, dann ist es immer der Wille an sich selber, welcher böse ist. Aber eben im Innern des Willens scheint man den Ort des Bösen auch nicht finden zu können, wenn man nur bedenkt, dass unser Wille niemals das Böse *als Böses* wollen kann und dass er also nicht formell böse sein wollen kann. Denn wo immer er Böses will, so will er doch immer ein Gutes oder zum mindesten ein ihm gut Scheinendes am Bösen, und es ist niemals das Böse als solches, welches ihn in Bewegung bringt.« (Welte 9)

Die Antwort, die Thomas findet, besteht in der Spannung zwischen dem geistigen und unendlichen Grund und Wesen des Willens und seiner eigenen endlichen Wirklichkeit. (Welte 22) Im Bösen gibt sich der Mensch selbst auf und er gibt den Gesamtsinn seines Daseins auf. (Welte 23)

Es ist nicht so leicht zu verstehen, wie Thomas das Böse erklärt. Aber an einem hält Thomas immer fest: Der *Wille* will immer das Gute. Das gehört zum Wesen des Willens. Nur weil der Mensch in seiner Endlichkeit fehlerhaft ist, kann er das Böse dem Willen als das Gute vorhalten. Und dann verfehlt der Mensch sich selbst.

Das Böse kommt, so gesehen, also aus der Kluft zwischen dem Wesen des Menschen als Bild Gottes und seinem Dasein, das fehlen und seinem Wesen gegenüber zurückbleiben kann. Wenn Thomas das Böse definiert, dann als »Mangel an Gutem«. Für ihn existiert das Böse nicht als etwas Eigenes. Es ist der Mangel an Sein und die Verneinung des Seins. Diese philosophische Sicht, die uns allzu abstrakt vorkommt, versucht Albert Görres in die tägliche Erfahrung hinein zu übersetzen. Mit Thomas von Aquin meint er, dass der Mensch von seiner Natur aus immer das Glück wünsche und auch das Gute vollbringen möchte. »Niemals finden wir böses Wollen nur um des Bösen willen. Das kann nicht einmal der Teufel. Wer böse ist, um böse zu sein, findet den Widerspruch gegen das Gute gut … Der Dieb stiehlt, weil er das Hab und Gut des Opfers für sich will, weil das Abenteuer des Verbrechens ihn reizt oder weil er einen Nachholbedarf an Kindheitswünschen aufholen muss.« (Görres 41)

Görres zeigt das am Beispiel des Vandalismus: »Der Vandalismus der Rocker ist nicht unbegreifliche Perversion, sondern ein Guerillakrieg gegen eine Welt, die als ganze Feindtönung angenommen hat. Telefonhäuschen oder S-Bahn-Züge demolieren heißt Zeichen der Überlegenheit setzen, heißt die eigene Würde wiederherstellen durch Rache. Die Macht, mutwillig anderen Leiden zuzufügen, gibt ein Gefühl von gottähnlicher Stärke und Hoheit, von Kraft und Mut.« (Ebd. 42) Das Problem ist nur, dass man alles falsch beurteilt, dass man die eigenen Wünsche absolut setzt und das Recht des andern nicht wahrt. Das Böse hat als Voraussetzung immer das Recht des andern, das der Böse nicht zu wahren gewillt ist. Er setzt sein Recht auf Ausleben absolut. Er fühlt sich letztlich Gott überlegen, der für das Recht eintritt. »Das Böse ist immer scheinbar glücksfördernd – sonst würde es nicht getan. Es ist in Wahrheit das Glückswidrige schlechthin – sonst wäre es nicht bös. Auch Freud beschreibt das Böse als das *›Unzweckmäßige‹ im Hinblick auf Glück* und Wohlbefinden.« (Ebd. 43)

Albert Görres bestätigt also letztlich von der Psychologie her die philosophische Erkenntnis des Thomas von Aquin, dass der Wille immer das Gute will und dass das Böse letztlich einem Fehlurteil darüber entspringt, was gut ist. Dieses Fehlurteil führt dazu, dass der Verstand dem Willen das Böse als etwas Gutes vor Augen führt.

Die Psychologie zeigt uns einen anderen Weg, den Ursprung des Bösen zu entdecken. Dabei verzichtet die Psychologie freilich darauf, zu erkennen, wie das Böse überhaupt in die Welt kam. Sie beschränkt sich vielmehr auf die Beschreibung, warum dieser oder jener Mensch Böses tut und warum er böse geworden ist. Sie sieht das Böse oft als »schicksalhafte Verkettung von unglücklichen Entwicklungsbedingungen.

Die böse Tat und der schlechte Charakter des Täters sind so vielschichtig und so unbewusst determiniert durch Erbfaktoren, durch ungute Kindheitseinflüsse und vor allem durch den Mangel notwendiger Voraussetzungen der sittlichen Entwicklung, den Ausfall von Vorbildern und liebevoller Zuwendung, dass in solchen Fällen so etwas wie ein guter Charakter gar nicht zustande kommen konnte.« (Görres 15 f.)

Oft ist das Böse die Weitergabe der Verletzungen, die wir als Kind empfangen haben. Allerdings sieht die Psychologie das Böse nicht einfach als notwendige Folge einer verletzenden Erziehung. Schließlich erfährt jeder Mensch in seiner Kindheit Verletzungen. Aber es ist unsere Verantwortung, wie wir mit diesen Verletzungen umgehen. Unsere Aufgabe wäre es, uns mit den Kränkungen auszusöhnen und so die Wunden in Perlen zu verwandeln. Wer sich der Versöhnung mit seiner Lebensgeschichte entzieht, der ist dazu verdammt, die Verletzungen weiterzugeben, entweder sich selbst zu verletzen oder andere zu verletzen oder aber sich verletzende Situationen auszusuchen, in denen die Verletzungen der Kindheit wiederholt werden.

Die erste Weise, auf die Verletzungen der Kindheit zu reagieren, besteht darin, sich selbst zu verletzen. Ich gehe hart und rigoros mit mir um. Ich gönne mir nichts. Ich bestrafe mich, wenn ich nicht meinen eigenen hohen Vorstellungen entspreche. Oder aber – die zweite Reaktionsweise – ich gebe die Verletzungen, die ich empfangen habe, an andere weiter. Und aus diesem Ausagieren der empfangenen Verletzungen entstehen dann böse Taten: Neid, Missgunst, Mord bis hin zur Vernichtung von ganzen Völkern. Alice Miller hat die Kindheit von Adolf Hitler untersucht. Hitler hatte einen tyrannischen Vater, der seine eigene Verletzung – er war ein uneheliches Kind – an seinen Sohn weitergab. Alice Miller meint: Hitler hätte die ganze Welt in Brand stecken können und wäre seinen Vaterhass doch nicht losgeworden. Das Beispiel zeigt, wie viel Böses daraus entsteht, wenn man nicht bereit ist, sich mit seiner eigenen Lebensgeschichte auseinanderzusetzen und sich damit zu versöhnen.

Die dritte Weise, auf Verletzungen zu reagieren, besteht darin, dass ich mir unbewusst Situationen aussuche, in denen ich wieder so verletzt werde wie in meiner Kindheit. Da werde ich von den Mitmenschen abgelehnt, genauso wie ich in meiner Schulklasse abgelehnt worden bin. Oder ich gerate an Männer, die mich als Frau genauso entwerten wie mein Vater. Ich habe dann das Gefühl, dass mir das Böse von außen begegnet: in den Menschen, die mich verletzen, in den Männern, die mich als Frau entwerten. Aber in Wirklichkeit provoziere ich durch mein Verhalten das Böse in den andern. Und dadurch vermehre ich letztlich das Böse. Wer sich nicht aussöhnt mit seinen Verletzungen, trägt also letztlich zur Ausbreitung des Bösen bei: indem er selbst andern Böses tut oder böse an sich handelt oder aber dem Bösen sich selbst gegenüber einen Raum ermöglicht, in dem es sich austoben kann.

Nach Sigmund Freud entsteht das Böse, wenn durch »Verhängnisse der Kindheit und weitere ungünstige Umweltbedingungen, wie z. B. übermäßige Versagungen oder Forderungen und Leistungsdruck, die Triebbedürfnisse Formen der Grade annehmen, die das Zusammenleben in der Gesellschaft bedrohen«. (Görres 78) Eine weitere Ursache des Bösen sieht die Psychologie in der Übertragung. Wir übertragen das, was wir an Bösem empfangen haben, auf andere: »Ein lieblos und ungerecht behandeltes oder vernachlässigtes Kind überträgt als Erwachsener den Groll, die Rachsucht, die sich Eltern und Geschwistern gegenüber angesammelt haben, auf andere Personen.« (Ebd. 80) Und so kann Görres sagen: »Viel Böses bei Erwachsenen ist *nachträgliches Begleichen* alter Rechnungen bei den falschen Schuldnern. Vor allem Rechnungen des Neides, der Eifersucht, der Vergeltung und der unmäßigen Ansprüche. Das Böse, das Unrecht aus der Übertragung ist u. a. *Erledigung unvollendeter Aufgaben.*« (Ebd. 80) Weil man nicht bereit ist, die Aufgabe der Versöhnung zu vollziehen, erledigt man sie, indem man andern Böses zufügt. Doch das ist dann der Beginn eines Teufelskreises, der sich immer weiter ausdehnt und immer mehr Menschen in den Sog des Bösen hineinzieht.

Die Psychoanalyse sieht das Böse als »Fehlentwicklung aufgrund misslungener Erlebnisverarbeitung«. (Ebd. 83) Die Ursache solcher Fehlentwicklungen sind oft seelische Verwundungen, übermäßige Versagungen, ungelöste Konflikte, unerträgliche Missgefühle oder auch phantastische

Entwürfe, infantile Größenphantasien. Arthur Janov, der Begründer der Primärtherapie, sieht dagegen die Ursache des Bösen im Leid, das ein Mensch in seiner Kindheit erfahren hat. »Für ihn sind die hervorragenden Formen des Bösen, Grausamkeit, Egoismus und alle Laster, Reaktionen auf früh erlittene unerträgliche Schmerzen, Kränkungen und Entbehrungen.« (Ebd. 85) Wenn der Urschmerz zu groß ist, dann führt das zu einer dauerhaften Gefühlsverödung. Diese Menschen spüren gar nicht mehr, »wie sie dem andern Schmerz zufügen, wenn sie Unrecht tun, wenn sie ökonomisch oder sexuell ausbeuten und so fort. Sie haben damit das sinnlich-sittliche Fundament des Gewissens und des Handelns unter den Füßen verloren. Sie quälen, verleumden und kränken, aber sie fühlen nicht, was sie tun.« (Ebd. 85)

Richter, die Straftäter verurteilen müssen, erschrecken oft vor der Uneinsichtigkeit der Angeklagten. Manche Straftäter glauben tatsächlich, sie hätten das Recht, einen andern zu töten, weil er sie selbst verletzt hat oder weil er ihnen gerade im Weg steht. Sie fühlen überhaupt nicht mit ihren Opfern. Ihre Gefühle sind entweder abgestorben oder aber verroht.

Eine andere Ursache des Bösen sieht die Psychoanalyse »in der Unwilligkeit, jene Grenzen des Begehrens anzuerkennen, die sich aus den Rechten und berechtigten Interessen anderer ergeben … Das Böse entspringt jener unzufriedenen Unbescheidenheit und Maßlosigkeit, die nie genug bekommen kann, die sich nicht mit dem Weltanteil zufrieden geben will, der ihr zukommt.« (Ebd. 87) Diese psychologische Sichtweise entspricht der theologischen Deutung des Sündenfalls von Eugen Drewermann, dass die eigentliche

Ursache des Bösen darin besteht, sein zu wollen wie Gott. Für den Menschen ist es eine narzisstische Kränkung, dass er nicht machen kann, was er will, dass er nicht Gott ist, der alles regelt, sondern ein Mensch, dem Regeln vorgegeben sind, an die er sich zu halten hat. Die Psychologie sieht diese Regeln nicht im Naturgesetz gegeben, wie das die katholische Theologie tut, sondern in den Bedingungen für ein gutes Zusammenleben in der Gesellschaft. Böse ist das, was das Zusammenleben stört und verhindert.

Albert Görres versucht, viele Facetten des Bösen zu beschreiben. Dabei lassen sich die Ursachen des Bösen von den Formen des Bösen nicht immer unterscheiden. Das Böse ist einmal Auflehnung, Protest gegen die Einschränkung, die mit unserer endlichen Existenz einfach gegeben ist. (Görres 48 f.) Eine andere Weise des Bösen besteht in der Rechthaberei und in einer falschen Souveränität, in der ich der Welt meine egoistischen Maßstäbe einfach aufdränge. Karl Barth nennt die Geschichte des Menschen denn auch sehr zutreffend »die Geschichte seiner unendlichen Rechthaberei«. (Ebd. 50) Anstatt Gott recht zu geben, will der Mensch recht haben. Er will alles besser wissen als Gott. Er biegt sich das Recht so zurecht, dass es seinen Egoismus rational begründet und zementiert.

Eine andere Weise ist das Böse als Verzweiflung. »Es enthält immer eine Resignation, dass man mit dem Guten kein Glück und keinen Staat machen kann; dass es nicht möglich ist, wirklich gut zu sein, und darum gar nicht lohnt, überhaupt damit anzufangen.« (Ebd. 52) Weil man am Guten verzweifelt ist, weil man in seiner Verzweiflung das Gute für unmöglich hält, deshalb ergibt man sich dem

Bösen. Das Böse ist wie eine Trotzreaktion auf die innere Verzweiflung. Das Böse verzerrt unser Urteil über die Wirklichkeit. Wir können trotz unseres christlichen Glaubens oft das Unrecht nicht als Unrecht erkennen, weil andere Einflussfaktoren unser Denken verdunkelt haben. »Verwahrlosung, frühe Milieuschäden, lieblose Umwelt, Charakterschwäche, Neurose, Kriminalisierung, vor allem der ungeheure Suggestionsdruck einer öffentlichen Meinung oder Gruppenmeinung machen viel objektiv Böses unvermeidlich.« (Ebd. 56) Es gibt Milieus, in denen das Böse gedeiht und uns blind macht für die ethischen Werte, die unser Leben wertvoll machen.

Das Böse und die Schuld

Wenn wir die psychologischen Beschreibungen des Bösen lesen, könnten wir meinen, das Böse folge einfach aus den übertriebenen Verletzungen der Kindheit. Aber von Schuld ist da nicht die Rede. Die Theologie verbindet das Böse hingegen immer auch mit Schuld. Der Mensch, der Böses tut, wird schuldig, sowohl andern Menschen gegenüber als auch Gott gegenüber. Ja, er wird auch sich selbst gegenüber schuldig. Er verfehlt sein Leben. Er lebt an sich selbst vorbei.

Wenn ich im Zusammenhang mit dem Bösen von Schuld spreche, dann fällt mir das allerdings nicht so leicht. Ich weiß, dass die Kirche allzu oft von Schuld gesprochen hat. Sie hat die Schuld in den Mittelpunkt ihrer Verkündigung gestellt und damit vielen Menschen das Gefühl gegeben, sie seien schlecht und sündig und schuldig. Dagegen haben sich viele Menschen gewehrt. Sie meinen, die Kirche habe früher viele Menschen in Schuldangst getrieben, um sie klein zu halten und über sie Macht ausüben zu können. An diesem Vorwurf ist sicher etwas Wahres dran. Trotzdem kommen wir nicht daran vorbei, im Zusammenhang mit dem Bösen auch von Schuld zu sprechen. Der Mensch ist dem Bösen nicht einfach ausgeliefert. Es liegt auch in seiner Freiheit, Böses zu tun oder zu unterlassen. Und wenn er das Böse tut, wird er schuldig. An dieser Möglichkeit, durch das Böse schuldig zu werden, hält auch die Psychologie fest. Der Mensch ist nicht absolut frei. Aber innerhalb seines durch die Lebensgeschichte geformten Horizontes hat er einen Spielraum, sich frei für das Gute oder Böse zu entscheiden.

Das Bewusstsein für Schuld hat sich heute gegenüber früheren Zeiten geändert. Der Mensch empfindet heute keine Schuld, wenn er ein Gebot übertritt. Er fühlt sich nicht als Übertreter von Geboten. Vieles sieht er nicht mehr als Sünde an, was frühere Generationen in tiefste Schuldangst gestürzt hat. Auf der andern Seite stellen die Psychologen heute ein Überhandnehmen von Schuldgefühlen fest. Viele Schuldgefühle zeigen dabei nicht unbedingt echte Schuld an. Sie sind bedingt durch die Erziehung, durch die Maßstäbe des eigenen Über-Ichs, das die Stimmen der Eltern verinnerlicht hat. Manche fühlen sich schon schuldig, wenn es einem andern Menschen schlechtgeht oder wenn sie sich selbst etwas gönnen. Andere fühlen sich schuldig, weil sie Aggressionen gegen die Eltern haben. All diese Schuldgefühle haben nichts mit wirklicher Schuld zu tun. Trotzdem belasten sie viele Menschen. Manche vermeiden die Schuldgefühle, indem sie sie in Selbstbestrafung umsetzen. So gibt es in fast jedem Betrieb mindestens einen typischen »Unfäller«, der sich ständig die Finger irgendwo einquetscht. Rudolf Affemann, ein evangelischer Therapeut, meint, das sei oft Ausdruck unbewusster Selbstbestrafung.

Andere wehren die Schuldgefühle ab, indem sie sie auf andere projizieren. Sie brauchen immer einen Sündenbock, auf den sie all das Negative, das sie bei sich spüren, abschieben können. Sie schimpfen dann über andere, um sich und anderen die eigenen Fehler nicht eingestehen zu müssen. Dieser Mechanismus, die Schuld auf andere abzuschieben, geschieht heute nicht nur im persönlichen Leben, sondern er prägt die ganze Gesellschaft. Die Gesellschaft will ihre eigene Schuld nicht anschauen, sondern projiziert sie auf Sündenböcke, die dann öffentlich von den Medien geschlachtet werden. Doch dieser Mechanismus vermehrt das Böse. Die Menschen merken gar nicht, wie böse sie mit dem umgehen, dem sie alles Böse dieser Welt anhängen.

Doch wie sollen wir Schuld heute angemessen verstehen? Wenn wir uns fragen, was Schuld eigentlich meint, so kann uns das Wort selber helfen. Schuld komme von »sollen«. Schuld bezeichnet ursprünglich eine Verpflichtung zu einer Leistung, die ich schulde. Das Wort stammt also aus dem finanziellen Bereich. Und dort wird es auch heute noch gebraucht. Schulden zu haben meint: finanzielle Verpflichtungen, Verbindlichkeiten zu haben. Psychologisch gesehen ist die Frage nach der Schuld immer die Frage, ob der, der einen Fehler oder ein Verbrechen getan hat, schuldig ist, ob er dafür verantwortlich ist. Die Frage nach der Schuld ist also oft die Frage nach der Ursache und nach der Verantwortung. Wenn etwas Böses geschieht, möchten wir jemanden dafür zur Verantwortung ziehen. Wir möchten den Schuldigen herausfinden.

Ich möchte Schuld so beschreiben: Ich werde schuldig, wenn ich mir selbst – oder einem Menschen oder Gott oder der Schöpfung – etwas schuldig bleibe, wenn ich mir, dem Nächsten oder Gott nicht das gebe, was ich ihnen schulde. Mir selbst schulde ich, dass ich mich annehme, dass ich gut mit mir umgehe, dass ich mir nicht selbst schade, mich beispielsweise nicht durch eine ungesunde Lebensweise zugrunde richte. Ich schulde mir, dass ich die Möglichkeiten entfalte, die Gott mir geschenkt hat, dass ich mein inneres Wesen, meine einmalige Person auch lebe, dass ich ganz ich selbst bin und nicht andere kopiere. Dem Nächsten schulde ich, dass ich ihn achte, dass ich ihn so nehme, wie er ist, dass ich ihn leben lasse, ihm den Raum gewähre, den er braucht, um er selbst zu sein. Ich schulde dem Nächsten, dass er in Freiheit sein eigenes Leben entfalten kann. Gott schulde ich, dass ich ja sage zu mir selbst, so wie er mich geschaffen hat, dass ich ja sage zu meinem Wesen, das nur zur Erfüllung kommt, wenn es sich nach Gott ausstreckt. Und ich schulde Gott, dass ich seine Schöpfung achte, in die er mich gestellt hat, um sie zu hegen und zu pflegen. Letztlich schulde ich Gott, dass ich ihn ehre als den Schöpfer und als den Grund allen Seins.

Von der Psychologie C. G. Jungs her könnten wir Schuld als Spaltung verstehen. Ich werde schuldig, wenn ich mich innerlich spalte, wenn ich mich weigere, meine Wirklichkeit anzuschauen, wie sie ist, wenn ich verdränge, was mir unangenehm ist, wenn ich bewusst wegschaue oder weghöre, sobald mir mein Gespür etwas sagen will. Schuld hat hier etwas mit Blindheit und Taubheit zu tun. Ich verschließe die Augen und Ohren vor meiner Wirklichkeit und vor der Wirklichkeit des andern. Ich identifiziere mich so sehr mit den Bildern, die ich mir von mir und von andern gemacht habe, dass ich blind werde für die Wirklichkeit.

Unsere eigentliche Schuld liegt oft nicht dort, wo wir ein Gebot übertreten. Wenn junge Menschen im Beichtstuhl bekennen, dass sie gesündigt haben, weil sie freitags Fleisch gegessen haben oder weil sie mit den Eltern gestritten haben, dann spüre ich genau, dass das nicht ihre wirkliche Schuld ist. Ich versuche dann, den Beichtenden zu fragen, wo er sich selbst verfehlt, wo er an sich vorbeilebt.

Manchmal wird das schon an seinem Leib sichtbar. Wenn einer sich krampfhaft an seinen Schultern festhält, dann spüre ich, dass seine Schuld nicht darin liegt, dass er Fehler macht, sondern dass er kein Vertrauen hat, das ihn trägt, dass er sich nicht in Gott hinein loslässt. Meine eigentliche Schuld liegt dort, wo ich mich weigere, meine Menschlichkeit anzunehmen, meine Lebensgeschichte, meine Fähigkeiten und meine Grenzen, wo ich Gott ständig Vorwürfe mache, dass ich nicht so bin, wie ich sein möchte. Die Schuld besteht in der Spaltung zwischen dem, was ist und was ich möchte, zwischen dem, was Gott mir zutraut, und dem, was ich als fixe Idee verfolge und womit ich ständig gegen die Wand renne. Es ist oft nicht so leicht zu erkennen, wo meine wirkliche Schuld liegt. Aber nur wenn ich mir die Mühe mache, zu sehen, wo ich an mir und meiner Wirklichkeit vorbeilebe, wo ich mich in das Korsett meiner Ideen hineinzwänge, nur dann kann ich umkehren und so leben, dass mein Leben gelingt, dass es heil wird und ganz.

Ich werde schuldig, wenn ich andern Böses antue. Und ich erlebe es als Schuld, wenn ich Böses erleide. Die Frage ist, wie ich mit meiner Schuld und der Schuld des andern umgehe, der mir Böses angetan hat. Das Böse will überwunden werden. Wenn wir von Überwindung der Schuld sprechen, dann meinen wir die Vergebung. Über die Vergebung als Auflösung der Schuld will ich in einem späteren Kapitel sprechen. Es ist für viele Menschen heute eine wichtige Frage, wie sie mit ihrer Schuld und ihren Schuldgefühlen umgehen können. Die Seelsorge zeigt den Menschen Wege auf, wie sie frei werden können von nagenden Schuldgefühlen und dem ständigen Kreisen um ihre eigene Schuld oder um die Schuld des andern.

Schuld und Sünde

Zum Begriff der Schuld gehört auch das Wort von der Sünde. Sünde ist in der christlichen Tradition sehr verschieden verstanden worden. Da ist einmal die Sünde als Übertretung der Gebote. Das ist ein sehr äußerliches Verständnis der Sünde. Das deutsche Wort »Sünde« kommt von »sondern, absondern«. Wer sündigt, sondert sich ab von der menschlichen Gemeinschaft. Er verlässt ihre Normen und ihren Rahmen und isoliert sich. Das griechische Wort für Sünde ist »hamartia«. Es meint: am Ziel vorbeischießen, sich selbst und das Leben verfehlen, an sich vorbeileben, unstimmig sein, nicht im Einklang sein mit sich selbst.

Ein Begriff, der im Zusammenhang mit dem Bösen immer wieder auftaucht, ist der Begriff der Erbschuld oder Erbsünde. Dabei werden mit diesem Begriff oft eigenartige Vorstellungen verbunden. Schuld kann ja eigentlich nicht vererbt werden. Heute sagt die Theologie: Erbschuld meint einfach, dass wir in eine Welt hineingeboren werden, die schon von der Schuld geprägt ist. Dabei schauen wir nicht zurück auf Adam oder auf den Ursprung der menschlichen Geschichte. Wir schauen vielmehr auf unsere Welt und erkennen, dass diese Welt, in die wir hineingeboren werden, von Strukturen der Sünden geprägt ist, von ungerechten Strukturen, von bösen Tendenzen, die nicht nur im Einzelnen vorhanden sind, sondern die oft auch die Gesellschaft verdunkeln.

Die Erbsünde prägt uns. Die Welt, in die wir hineingeboren werden, hat Einfluss auf unsere Seele. Bevor wir uns dessen bewusst werden, werden wir schon infiziert von der Sünde, die wir in unserer Umgebung vorfinden. C. G. Jung wehrt sich als Psychologe gegen den »Dusel vom guten Menschen, der die Köpfe benebelte, nachdem sie das Dogma von der Erbsünde nicht mehr begreifen konnten«. (vgl. Drewermann 137) Er spricht vom heilsamen Dogma der Erbsünde. Für Jung zeigt dieses Dogma, dass das Böse eine wirkliche Macht ist, »deren Stätte im Unbewußten liege und die es dem Menschen geradezu verwehre, nicht zu sündigen«. (Ebd.)

Ein Raum frei von Schuld

Wenn wir von der Erbsünde sprechen, müssen wir aber auch davon sprechen, dass es in uns einen Raum gibt, der von der Sünde, auch von der Erbsünde, nicht infiziert ist. Die katholische Dogmatik hat das im Dogma von Maria, die »von jedem Schaden der Erbsünde unversehrt bewahrt wurde«, ausgedrückt. In unsere Sprache übersetzt heißt dieses Dogma, mit dem so viele Christen Schwierigkeiten haben: In jedem von uns ist ein Raum der Stille, in dem Gott wohnt, in dem Christus unser wahres Selbst beschützt. Dort, wo Christus in uns wohnt, sind wir rein und klar, dort hat die Schuld keinen Zutritt. Der innerste Kern ist von der Schuld nicht berührt. Das ist eine optimistische Sicht, die daran festhält, dass Gott den Menschen als gut erschaffen hat. Das Böse tritt an den Menschen von außen heran. Aber in seinem innersten Kern ist er nicht vom Bösen beeinträchtigt. Wir sind oft nur von unserem inneren Kern abgeschnitten.

Im Gebet und in der Meditation kommen wir in Berührung mit diesem inneren Raum der Stille, in dem wir rein und klar sind. Die Erfahrung dieses inneren Raumes ist die Bedingung, dass wir trotz unserer Schuld unsere Identität finden können.

Das Böse – wie wirkt es?

Die Bibel erzählt uns in den ersten Kapiteln der Genesis, dass das Böse überhandnimmt. Die böse Tat des einen setzt sich fort im Bösen, das die andern vollbringen. Das Böse steigert sich immer mehr, bis Gott schließlich das gesamte böse Geschlecht der Menschen in der Sintflut umkommen lässt. Nur Noach und seine Familie und die Tiere, die er in die Arche aufnimmt, werden gerettet.

Das Böse setzt sich also immer mehr fort. Das ist wohl eine erzählerische Beschreibung dessen, was die Kirche dann später als Erbschuld bezeichnet hat. Und es ist die Bestätigung der Erfahrung, die wir täglich machen: Wenn in einer Familie Böses geschieht, dann pflanzt sich das Böse fort. Wenn der Vater den Sohn schlägt und die Tochter missbraucht, dann bringt das nicht nur Leid für diese beiden jungen Menschen mit sich, sondern oft genug wird irgendwann das Opfer zum Täter. Der geschlagene Sohn muss andere schlagen, um seine Demütigung loszuwerden. Und der Missbrauch der Tochter setzt sich fort in einer Atmosphäre, in der Missbrauch wahrscheinlich wird.

Wie das Böse im einzelnen Menschen wirkt, das hat Paulus als persönliche Erfahrung im 7. Kapitel des Römerbriefes beschrieben: »Ich begreife mein Handeln nicht: Ich tue nicht das, was ich will, sondern das, was ich hasse ... Ich tue nicht das Gute, das ich will, sondern das Böse, das ich nicht will.« (Römerbrief 7,15.19) Offensichtlich hat Paulus diese persönliche Erfahrung auf dem Hintergrund hellenistischer Ethik formuliert, die den Zwiespalt im Menschen zwischen Körper und Seele, zwischen Sinnlichkeit und Vernunft, zwischen Leidenschaften und Tugenden eingehend beschrieben hat. (vgl. Wilkens 98 f.) Aber Paulus hebt diesen Zwiespalt auf eine andere Ebene. Ihm geht es um den Gegensatz zwischen der Erkenntnis des Gesetzes und dem Tun, das dem Gesetz widerstreitet. Er ist überzeugt, dass in uns neben dem guten Gesetz Gottes das Gesetz der Sünde herrscht. Die Sünde ist wie eine Macht, die uns dazu treibt, etwas anderes zu tun, als wir in unserer Vernunft für gut erkannt haben. »Wenn ich aber das tue, was ich nicht will, dann bin nicht mehr ich es, der so handelt, sondern die in mir wohnende Sünde.« (Römerbrief 7,20)

Paulus spürt in sich einen Drang, das Böse zu tun. Seine Vernunft will das Gute tun, aber die in ihm wohnende Sünde schafft ständig das Böse. Paulus kann als Gegensatz zur Vernunft auch das Fleisch der Sünde setzen. Das »Fleisch« ist für Paulus nicht mehr und nicht weniger als ein Bild für die sündige Existenz des Menschen, für die Neigung zum Bösen, im Gegensatz zur Vernunft, die das Gute will, und zum Geist, in dem Gottes Geist im Menschen wohnt.

Diese Erkenntnis des Paulus widerspricht nicht der Auffassung, dass unser innerster Kern gut ist. Der innerste Kern ist das, was Paulus Geist nennt. Er ist vom Geist Gottes durchdrungen und gut. Aber wir stehen eben im Zwiespalt zwischen Geist und Fleisch. Fleisch meint nicht einfach unseren Leib, sondern ist ein Bild für das Geprägtsein durch die Sünde, die unsere psychischen Mechanismen trübt.

Der Mensch ist offensichtlich in sich gespalten. Das Ich hat nicht die Kraft, mein Handeln zu bestimmen. Es gibt in mir eine andere Kraft: Es ist die Sünde, die »hamartia«, die in mir wohnt. Es ist eine Kraft, die mich drängt, das, was ich will, zu verfehlen. »Hamartia« kommt von »hamartano« = fehlen, verfehlen, das Ziel nicht treffen. Für Aristoteles ist »hamartia« das »Verfehlen der Tugend als des zu treffenden Ziels aus Schwäche, Ungeschick, aus mangelndem Wissen«. (Stählin 296) Die in mir wohnende Sünde bringt mich in einen Zwiespalt. Sie ist ein Hang, das Ziel zu verfehlen. Sie ist wie eine dämonische Macht, die den Menschen spaltet und ihn daran hindert, seiner Bestimmung von Gott her zu folgen und seiner eigenen Vernunft gemäß zu leben.

Was Paulus hier beschreibt, hat wohl jeder schon einmal bei sich erfahren. Er weiß nicht, warum er anders handelt, als er eigentlich möchte. Er muss sich eingestehen, dass in ihm ein Drang ist, das Ziel zu verfehlen, an seinem eigentlichen Menschsein vorbeizuleben. Er fasst jede Menge gute Vorsätze, dass er die Sünde vermeidet. Er möchte z.B. nicht mehr schlecht über andere reden. Doch dann ertappt er sich dabei, wie er doch wieder den andern schlechtmacht. Es ist wie ein Drang, der seine Zunge in eine Richtung steuert, die er bewusst gar nicht einschlagen möchte.

Diese Erfahrung hat auch Jakobus gemacht, der in seinem Brief schreibt: »Wie klein kann ein Feuer sein, das einen großen Wald in Brand steckt. Auch die Zunge ist ein Feuer, eine Welt von Ungerechtigkeit. Die Zunge ist der Teil, der den ganzen Menschen verdirbt und das Rad des Lebens in Brand setzt; sie selbst aber ist von der Hölle in Brand gesetzt.« (Jakobusbrief 3,5 f.) Doch Jakobus ist optimistischer als Paulus. Er traut dem Menschen zu, dass er seine Zunge zähmt und damit den ganzen Leib: »Wer sich in seinen Worten nicht verfehlt, ist ein vollkommener Mann und kann auch seinen Körper völlig im Zaum halten. Wenn wir den Pferden den Zaum anlegen, damit sie uns gehorchen, lenken wir damit das ganze Tier.« (Jakobusbrief 3,2 f.) Wenn wir dem Gesetz der Freiheit folgen, das wir in Jesus Christus erkennen, dann gelingt es uns, unsere Zunge zu zähmen und dadurch viel Böses zu vermeiden.

Der heilige Augustinus folgt jedoch nicht dem Jakobusbrief, sondern eher den Gedanken des heiligen Paulus. Er lässt sich vor allem in seinen »Bekenntnissen – Confessiones« vom Brief an die Römer (Kapitel 7) inspirieren. Dort hat er ja auch in der Ich-Form über seine Erfahrung mit seiner Hinfälligkeit berichtet. Er meint, Paulus möchte uns auf den Gegensatz zwischen Gesetz und Gnade hinweisen. Nicht das Gesetz führt uns zum Heil, sondern allein die Gnade Gottes, die wir als Geschenk erhalten aufgrund der Liebe Jesu Christi, die in seinem Tod am Kreuz am radikalsten und klarsten sichtbar geworden ist. Martin Luther hat die Auslegung des Augustinus aufgegriffen und in seine Lehre vom »simul justus et peccator« übersetzt: Der

Mensch ist immer zugleich gerecht und Sünder. Die Heiligen sind »Gerechte, weil sie an Christus glauben, dessen Gerechtigkeit sie bedeckt und ihnen zugerechnet wird; Sünder aber, weil sie das Gesetz nicht erfüllen, nicht ohne Begierde existieren, sondern wie Kranke unter der Pflege des Arztes: Sie sind in Wirklichkeit krank, aber anfangsweise und in Hoffnung gesund«. (Wilkens 108)

Wenn wir nach der Erfahrung fragen, die hinter dem siebten Kapitel des Römerbriefes steht, so stoßen wir in unserem Leben auf den Zwiespalt zwischen unserem Wollen und Tun. Jeder kennt das, dass er im Grunde seines Herzens genau weiß, was ihm guttut, dass er es aber trotzdem nicht tut. Er weiß, dass es ihm nicht guttut, nebenbei immer wieder Süßigkeiten zu essen. Aber trotz aller Vorsätze tut er es dennoch. Ein anderer weiß genau, dass er einem unzufriedenen Mitarbeiter nicht zu viel Macht einräumen darf, dass er sich von dessen Unzufriedenheit nicht anstecken lassen darf. Aber immer wieder ertappt er sich dabei, wie er über ihn nachdenkt, über ihn schimpft und sich seine eigene Stimmung von ihm verderben lässt. Ein anderer ist sich bewusst, dass er den andern nicht verletzen soll. Aber die Worte, die den andern kränken könnten, drängen sich ihm einfach auf. Es ist wie eine Lust, den andern zu verletzen, gegen die er sich nicht wehren kann. Er weiß, dass er sich damit nur selbst verletzt. Aber dennoch tut er es. Viele leiden unter diesem Zwiespalt. Sie haben ihn längst durchschaut und sind doch nicht fähig, ihn zu beheben. Immer wieder fallen sie in die gleichen Fehler, in die gleiche Sünde hinein. Es ist wie ein Naturgesetz, gegen das sie sich nicht wehren können. Für Paulus ist es die in uns wohnende Sünde, die uns immer wieder anders handeln lässt, als wir im Grunde unseres Herzens möchten. Die Sünde spaltet uns innerlich. Sie hebt die Einheit des Denkens und Handelns auf. Sie spaltet Wollen und Tun, bzw. sie spaltet unseren Willen in einen, der das Gute will, und in einen, der bewusst das Böse will. Manchmal drängt uns der Wille gerade dazu, gegen das Gebot zu handeln, den Mitmenschen zu verletzen, uns etwas zu holen, das uns nicht zusteht. Manche, die gestohlen haben, sagen nachher, sie konnten nicht anders. Es war wie ein Zwang, der über sie kam.

Das Böse und die Versuchung

So wie Paulus es beschreibt, wirkt das Böse in uns, weil in unseren Gliedern das Gesetz der Sünde herrscht. Für Jakobus ist die Versuchung der Ort, an dem das Böse in uns eindringen will. Dabei gehört die Versuchung wesentlich zum Menschen. So preist Jakobus denjenigen glücklich, der in der Versuchung standhält.

Jakobus wehrt sich gegen die Meinung, Gott führe uns in Versuchung: »Keiner, der in Versuchung gerät, soll sagen: Ich werde von Gott in Versuchung geführt. Denn Gott kann nicht in die Versuchung kommen, Böses zu tun, und er führt auch selbst niemand in Versuchung. Jeder wird von seiner eigenen Begierde, die ihn lockt und fängt, in Versuchung geführt. Wenn die Begierde dann schwanger geworden ist, bringt sie die Sünde zur Welt; ist die Sünde reif geworden, bringt sie den Tod hervor.« (Jakobusbrief 1,13–15) Die Versuchung ist das Einfallstor des Bösen in unser Leben. Aber die Versuchung ist auch der Ort, an dem sich der Mensch gegen das Böse wehrt und es überwindet. Jeder Mensch ist der Versuchung ausgesetzt. Die Frage ist, ob er die Versuchung besteht. Für Jakobus ist die Versuchung eine Prüfung unseres Glaubens. Wenn wir im Glauben fest stehen und mit Ausdauer kämpfen, dann werden wir die Versuchung bestehen.

Das Urbild eines gelungenen Bestehens der Versuchung schildert uns die Bibel in der Versuchung Jesu. Nicht Gott führt Jesus in die Versuchung, und es ist auch nicht seine eigene Begierde. Für die drei ersten Evangelisten ist es der Teufel selbst, der Jesus in Versuchung führt.

Die drei Versuchungen, von denen uns die Evangelien erzählen, sind auch typisch für uns. Und immer wieder stellt sich die Grundfrage, ob wir uns von ihnen verführen lassen oder ob wir sie bestehen wie Jesus. Der Teufel möchte Jesus dazu drängen, alles für sich zu benutzen, Wunder zu wirken, um die eigenen Bedürfnisse zu erfüllen.

Die erste Versuchung: Nach dem Fasten stellt der Teufel ihm das Brot so eindringlich vor Augen, dass er in Jesus den Hunger danach weckt. Und er rät ihm, seinen Hunger durch seine göttliche Wunderkraft selbst zu stillen. Diese erste Versuchung weist uns darauf hin, dass wir unsere Bedürfnisse immer sofort erfüllen wollen. Das gilt nicht nur von Hunger und Durst, sondern auch von Sexualität und Streben nach Besitz, das ganz schnell zur Habsucht wird. Und es ist die Versuchung, alles zu konsumieren, was uns begegnet.

Es ist aber nicht nur die Versuchung, ständig zu essen. Vielmehr soll Jesus die Steine zu Brot werden lassen. Steine galten früher als heilig. Wir kennen heute auch die Tendenz, selbst das Heilige zu konsumieren. Wir wollen die Kirchen wie Museen anschauen, anstatt niederzuknien und Gott anzubeten, von dem die Kirchen sprechen. Wir können es nicht aushalten, wenn etwas unserem Konsum entzogen wird, weil es heilig ist. Das Heilige ist ja gerade das, was uns entzogen ist, worüber wir keine Macht haben, dem wir uns vielmehr beugen sollen. Der Sonntag, den wir kaum noch als Tag der Ruhe einhalten können, ist nur ein Beispiel dafür.

Jesus wehrt diese Versuchung zum allgemeinen Konsum ab mit einem Verweis auf ein Wort der Bibel: »In der Schrift heißt es: Der Mensch lebt nicht nur von Brot, sondern von jedem Wort, das aus Gottes Mund kommt.« (Matthäus 4,4; der Hinweis bezieht sich auf Deuteronomium 8,3) Wir werden nicht satt, indem wir möglichst viel konsumieren, sondern indem wir uns vom Wort Gottes nähren lassen. Aber das Wort Gottes ist etwas, was unserer Verfügungsgewalt entzogen ist. Es ist ein heiliges Wort, das unsere tiefste Sehnsucht erfüllt. Das Wort nährt unsere Seele, nicht indem wir es konsumieren, sondern indem wir es in uns hineinfallen lassen, uns von ihm aufrichten lassen. Das Wort bringt uns in Berührung mit der Weisheit unserer Seele. Und diese Weisheit ist es letztlich, die uns nährt.

In der zweiten Versuchung fordert der Teufel Jesus dazu auf, sich von der Mauerkrone des Tempels zu stürzen, weil er doch weiß, dass Gott ihn auffangen wird und seine Engel zum Schutz zu ihm schickt. Hier geht es um die Faszination spiritueller Höhenflüge. Spiritualität kann auch dazu dienen, den eigenen Narzissmus zu befriedigen. Wir halten uns dann für etwas Besonderes. Wir stürzen uns nicht gleich von der Zinne des Tempels. Aber wir möchten uns doch so spirituell, so mystisch, so gelassen geben, dass wir von den Menschen bewundert werden. Es ist die Versuchung, das Göttliche für uns zu vereinnahmen, uns selbst interessant zu machen, indem wir uns mit dem Spirituellen identifizieren, und uns letztlich über andere stellen, auf andere herabblicken. Gott dient dann nur dazu, das eigene Ego aufzublähen.

Diese zweite Versuchung berührt das Heilige selbst. Das Heilige dient dann auf einmal nur noch der Grandiosität des Menschen, anstatt unsere Brüchigkeit zu heilen. Auch diese Versuchung kennen wir heute sehr wohl. Da gibt es in den USA eine sogenannte Erfolgstheologie: Wenn ich Erfolg habe, bin ich in der Gnade Gottes. Wenn ich viel Geld verdiene, dann ist das ein Zeichen, dass Gott mich segnet. Letztlich wird hier das Geld selbst zum Gott oder Götzen. Und Gott hat nur dazu zu dienen, dass ich möglichst viel Erfolg habe und möglichst viel Geld verdiene. Darin liegt eine schwere Verfälschung des religiösen Lebens. Schon die Lateiner sagen: »Corruptio optimi pessima«, wenn das Beste verdorben wird, ist es am schlimmsten.

Die Verfälschung des Religiösen sehen wir auch in manchen Gurus, die um sich Schüler sammeln, die sie gleichsam anbeten und ihnen jedes Wort abnehmen. Die Gurus geben sich als etwas Besonderes. Sie werden von manchen schon als halb göttlich verehrt. Auch sie merken gar nicht, wie sie Gott für sich selbst und für ihre eigene Grandiosität missbrauchen.

Bei dieser Versuchung benutzt der Teufel sogar ein Wort der Schrift. Er tritt ganz fromm auf. Jesus soll doch der Schrift trauen. Dort steht geschrieben, dass die Engel uns auf Händen tragen. Also kann uns nichts passieren, wenn wir uns von der Zinne des Tempels stürzen. Doch Jesus wehrt diese Versuchung mit einem anderen Schriftwort ab: »In der Schrift heißt es auch: Du sollst den Herrn, deinen Gott, nicht auf die Probe stellen.« (Matthäus 4,7; der Hinweis bezieht sich auf Deuteronomium 6,16)

Selbst die Bibel kann ich missbrauchen, um mich interessant zu machen und mein Ego aufzublähen. Es kommt also sehr darauf an, die Schrift richtig zu verstehen. Dann wird sie zu einem Wegweiser hin zu einem gelingenden Leben.

Die dritte Versuchung ist die der Macht. Die Macht ist nicht an sich schlecht. Denn die Macht dient dazu, das Leben zu gestalten und auch eine Gemeinschaft so zu formen, dass die Menschen darin gut leben können. Aber die Macht kann blind machen, so dass ich denen Böses antue, über die ich Macht habe.

Die Macht ist in der Versuchung des Teufels zugleich mit großem Reichtum verbunden. Aber die Macht wird erkauft durch ein Niederfallen vor dem Satan. Es ist schon eine Vorausnahme des Teufelspaktes, der in vielen Märchen und Erzählungen beschrieben wird. Ich erkaufe die Macht durch die Anbetung des Teufels.

Doch das geschieht um einen hohen Preis. Ich werde vom eigenen Herzen abgeschnitten. Ich verliere die Beziehung zu mir selbst. Wenn ich in meiner Macht andere klein mache und ausbeute, dann beute ich letztlich mich selber aus. Ich schade mir selbst. Ich lasse mich von meinem Bedürfnis nach Macht beherrschen, anstatt über mich selbst zu herrschen. Ich verfehle letztlich mein Menschsein. Und so wird die Macht zum Einfallstor für das Böse.

Heute erliegen viele Menschen dieser dritten Versuchung. Sie fallen nieder vor dem Teufel, um möglichst viel Macht zu haben. Sie gehen über Leichen, nur damit sie noch mehr Macht und noch mehr Reichtum anhäufen. Der Machtbesessene ist – um mit der Bibel zu sprechen – vom Teufel besessen. Der Teufel herrscht über ihn und macht ihn blind für seine eigene Menschlichkeit und für die Menschen, denen er begegnet. Die Menschen interessieren ihn nicht. Es geht ihm allein um die Macht. Diese Machtbesessenheit bewirkt viel Böses. Da werden Menschen ausgebeutet und klein gemacht. Da wird die Natur ausgebeutet und zerstört. Und letztlich wird das eigene Herz in einen Stein verwandelt. Jesus wehrt diese Versuchung wieder mit einem Schriftwort ab: »Weg mit dir Satan! Denn in der Schrift steht: Vor dem Herrn, deinem Gott, sollst du dich niederwerfen und ihm allein dienen.« (Matthäus 4,10; der Hinweis bezieht sich auf Deuteronomium 5,9 und 6,13) Wenn ich Gottes Macht anerkenne, dann werde ich meine Macht nicht missbrauchen, sondern in meiner Macht Gott und den Menschen dienen.

Auch im Gespräch mit seinen Jüngern wird Jesus später auf das Thema Macht zu sprechen kommen. Als die Jünger sich über die beiden Zebedäussöhne ärgern, weil sie Macht im Reich Gottes beanspruchen, antwortet ihnen Jesus: »Ihr wisst, dass die Herrscher ihre Völker unterdrücken und die Mächtigen ihre Macht missbrauchen. Bei euch soll es nicht so sein, sondern wer bei euch groß sein will, der soll euer Diener sein, und wer bei euch der Erste sein will, soll euer Sklave sein.« (Matthäus 20,25–27) Die wahre Macht besteht darin, den Menschen zu dienen und in ihnen das Leben hervorzulocken.

Jesus besteht die drei Versuchungen und geht gestärkt aus ihnen hervor. In diesem Sinne singen die alten Mönche ein Lob der Versuchung. Sie haben die Erfahrung gemacht, dass die Versuchungen den Mönch bewährter machen. In dieser Bewährung entwickelt er in sich neue Kräfte, um den Versuchungen immer mehr und immer besser zu widerstehen.

Die Versuchungen gehören also zum Leben. Und sie stärken meine Spiritualität. Antonius kennt das Bild vom Baum, der seine Wurzeln tiefer in die Erde gräbt, wenn er von Stürmen erschüttert wird. Der Mönch, der von Versuchungen heimgesucht wird, wird seine Wurzeln tiefer in Gott eingraben. Er wird sich an Gott klammern und so die Versuchung besiegen und als Mensch reifer und stärker werden. So sagt Antonius: »Keiner kann unversucht ins Himmelreich eingehen. Nimm die Versuchungen weg, und es ist keiner, der Rettung findet.« Die Versuchungen sind für die Mönche die Herausforderung, gegen das Böse zu kämpfen und sich vom Geist Gottes in ihrem Kampf stärken zu lassen.

Und führe uns nicht in Versuchung

Wenn wir im Vaterunser darum bitten, dass Gott uns nicht in Versuchung führen möge, dann ist dort ein anderer Begriff von Versuchung gemeint. Das griechische Wort ist »peirasmos«. Und das meint vor allem Verwirrung. Die eigentliche Versuchung des Bösen ist also die Verwirrung. Das entspricht ja dem Charakter des Teufels, der ja von seinem Wesen her der Durcheinanderwerfer ist, der »diabolos«, der uns innerlich verwirrt.

Diese Gefährdung kennen wir ja heute zur Genüge. Da gibt es so viele Angebote von Spiritualität. Da werden so unterschiedliche Heilswege angepriesen, dass wir gar nicht mehr durchblicken. Und viele Menschen werden dadurch verwirrt. Alles klingt für sie »irgendwie fromm«. Aber sie spüren zugleich etwas Einengendes, Schädliches in manchen Wegen, die ihnen da verkündet werden.

Die Bergpredigt sieht diese Verwirrung in den falschen Propheten am Werk. Vor solchen Versuchungen, die leicht zum Abfall führen können, möge Gott uns bewahren, darum bitten wir im Vaterunser. Gott möge uns nicht in die Situation des Abfalls geraten lassen, sondern uns von dem Bösen befreien, uns herausreißen aus dem Einflussbereich des Bösen. Wir sind gefährdet in dieser Welt. Gott selbst möge uns zu Hilfe kommen, damit wir in der Versuchung nicht fallen und uns vom Bösen bestimmen lassen.

Schon seit den ersten Jahrhunderten haben die Christen über diese Vaterunserbitte nachgedacht. In einem Mönchsspruch heißt es: »Ein heiliger Mann sagte einmal: Wenn wir zum Herrn beten: Führe uns nicht in Versuchung! (Matthäus 6,13), dann bitten wir nicht darum, nicht versucht zu werden, denn das wäre unmöglich, sondern nur darum, dass wir in der Versuchung nicht verschlungen werden und etwas tun, was Gott missfällt. Denn das heißt: nicht in Versuchung fallen. Auch die heiligen Märtyrer wurden durch ihre Qualen versucht, aber nicht überwunden. Daher fielen sie nicht in der Versuchung, wie auch jene nicht besiegt sind, die mit einem wilden Tier kämpfen, bis sie von ihm verschlungen sind. Erst dann wären sie gefallen. So ist es bei jeder Leidenschaft. Erst wenn uns die Leidenschaft überwunden hat, fallen wir in der Versuchung.«

Die Mönche kennen die Schliche des Bösen. Doch zugleich sind sie voller Vertrauen, dass das Böse uns nicht schaden kann, wenn wir uns nur an Christus halten. So heißt es auch in einer Vätergeschichte: »Ein Bruder fragte den Abbas Pambo: Warum halten mich gewisse Geister davon ab, den Nächsten Gutes zu tun? Dieser antwortete ihm: Sprich nicht so, sonst machst du Gott zum Lügner! Sprich vielmehr: Ich will überhaupt kein Erbarmen üben! Denn Gott hat schon längst zuvor gesagt: Ich habe euch die Macht gegeben, auf Skorpione zu treten und Schlangen und über alle Gewalt des bösen Feindes. (Lukas 10,19) Warum zertrittst du also nicht die unreinen Geister?« Wir sind dem Bösen nicht hilflos ausgeliefert. Gott hat uns mit seinem Geist gestärkt, dass wir über das Böse siegen. Die Mönche verstanden sich als »Athleten«, als Wettkämpfer. Und es machte ihnen offensichtlich Spaß, gegen das Böse anzukämpfen und es zu besiegen. Da war nichts vom Jammern über das Böse zu hören, sondern es ging ihnen um die Lust, aus dem Kampf gegen das Böse als Sieger hervorzugehen.

Die Verführung

Verführung ist noch etwas anderes als Versuchung. Schon das Wort sagt, dass uns da jemand in eine falsche Richtung führt. Er führt uns dorthin, wo wir eigentlich gar nicht hin möchten. Das Wort wird heute in der Werbung sogar positiv gebraucht, wenn da von Schokolade gesprochen wird als der süßesten Verführung, die es jemals gab. Der Teufel ist durchaus auch einer, der uns verführt, der uns vom richtigen Weg wegführt und uns letztlich ins Verderben führt. Die Verführung schadet uns. Sie ist oft raffiniert. Wir merken häufig gar nicht, dass da ein Verführer am Werk ist. Wir glauben, wir würden unserer eigenen Einsicht folgen. In Wirklichkeit lassen wir uns in eine Richtung führen, die uns nicht guttut.

Das Motiv der Verführung kennt natürlich schon die biblische Geschichte vom Sündenfall. Die Schlange verführt Eva und Eva den Adam. Wir sprechen von Verführung in der Beziehung zwischen Mann und Frau. Ein Mann verführt eine Frau zu sexuellem Kontakt, obwohl die Beziehung keine Zukunft hat. Oder umgekehrt: Eine Frau verführt den Mann, obwohl er eigentlich seiner eigenen Frau treu bleiben möchte. Beide sagen nachher, sie hätten sich verführen lassen. Manchmal ist das dann eine Schuldzuweisung an den andern.

So geschieht es schon bei Adam und Eva. Als Gott den Adam fragt, warum er von dem Baum gegessen hat, von dem zu essen er ihm verboten hat, da antwortet Adam: »Die Frau, die du mir beigesellt hast, sie hat mir von dem Baum gegeben, und so habe ich gegessen.« (Genesis 3,12) Und als Gott die Frau fragt, antwortet sie: »Die Schlange hat mich verführt, und so habe ich gegessen.« (Genesis 3,13) Beide stehen nicht zu ihrer Tat. Sie schieben andern die Schuld zu, der Mann der Frau und letztlich Gott, der ihm diese Frau gegeben hat. Und die Frau der Schlange.

Adam und Eva übernehmen nicht die Verantwortung für ihre Tat. Diesen Mechanismus sehen wir heute ständig.

Da werden Menschen verführt, möglichst hohe Renditen in ihren Geldanlagen zu erzielen. Und wenn es dann nicht klappt, dann klagen sie den Bankberater an, der ihnen diese Papiere verkauft hat. Oder man kauft sich möglichst schnelle Autos. Und wenn man dann einen Unfall baut, ist die Firma schuld, die dem Auto eine so hohe Geschwindigkeit ermöglicht. Man lässt sich verführen. Aber man steht nicht dazu. Es haben immer beide Schuld: der Verführer und der, der sich verführen lässt.

Dem Verführer alle Verantwortung zuzuschreiben hieße, sich selber freizusprechen von jeder Schuld. Ich kann ja nichts dafür. Doch es ist immer unsere Verantwortung, wie wir auf die Verführung reagieren.

Natürlich haben auch die Verführer ihre Verantwortung. Wenn eine Firma mit einschmeichelnden Worten das Rauchen anpreist oder mit süßen Sachen die Menschen verlockt, dann hat sie auch eine Verantwortung für die Gesundheit der Menschen. Aber wenn ein Mann die Firma verklagt, die Schokoriegel verkauft, weil er zu dick geworden ist, dann weigert er sich, seine eigene Verantwortung wahrzunehmen.

Die Versuchbarkeit des Menschen: die Erfahrung der Psychologie

Auch die Psychologie kennt das, was die Bibel Versuchung nennt. Albert Görres beschreibt beispielsweise die Versuchbarkeit des Menschen. Es gibt Menschen, die eine bestimmte Anfälligkeit haben. Der eine ist anfällig, zu viel zu essen. Der andere kann dem Drang nicht widerstehen, im Kaufhaus etwas mitzunehmen. Für andere ist das überhaupt keine Versuchung. Das Wesen der Versuchung besteht für Görres darin, »dass *im gleichen Augenblick mindestens zwei unvereinbare Bedürfnisse* das Handeln bestimmen wollen«. (Görres 95) Auf der einen Seite steht das Bedürfnis, gut zu handeln und richtig zu leben. Doch da gibt es auch das andere Bedürfnis: das, was uns gerade anzieht, unter allen Umständen auch zu haben, selbst wenn es uns und andern schadet.

Versuchung gibt es aber nur dort, wo ich um das Gute weiß. Unser Wille will das Gute, das Wertvolle. Aber er wendet sich oft dem Wert zu, der ihm gerade präsentiert wird, ohne dass er die anderen Werte berücksichtigt, die ihm auch wichtig sind. Das Problem ist, dass die sinnlichen Werte einen »natürlichen ›unfairen‹ Vorsprung vor den mühsam, nicht ohne Hilfe abstrakter Begriffe aufgebauten höheren Werten« haben. (Görres 97) Aber es gibt nicht nur die sinnlichen Werte, die uns in Versuchung führen, also nicht nur die süße Torte, die uns das Wasser im Mund zusammenlaufen lässt, oder die schöne Frau, die unsere Sexualität anstachelt. Es gibt auch Versuchungen, die nicht auf den ersten Blick so klar sind wie »die hochmütige Neigung, Dinge zu beurteilen ohne genaue Sachkenntnis; die konformistische Menschenfurcht; das Bedürfnis nach Beliebtheit, das uns an unpopulären Worten oder Taten hindert; der eitle Drang zu Aparten, der sich zu gut ist, schlecht und recht das Notwendige zu tun; die Bequemlichkeit, die unsere Phantasie hindert, über die unabweisbaren Routinepflichten suchend hinauszublicken«. (Ebd. 97)

Was macht uns anfällig für Versuchungen? Görres meint, wir sind versuchbar, »weil unsere Neigung zum Guten kein zwingendes Motiv ist«. (Ebd. 98) Wir müssen nicht unbedingt das Gute tun. Wir können uns auch für das Gegenteil entscheiden. Ein Wesenselement der Versuchung ist jedoch immer die Selbsttäuschung oder Lüge. Wir machen uns etwas vor. Wir stellen das Böse als etwas Gutes dar. Und wir meinen, das Gute müssten wir nicht unbedingt tun. Es wäre jetzt nicht dran. Bei jeder Versuchung gibt es eine innere Argumentation. Und wir stellen das Böse dann immer in ein Licht, das es uns als erstrebenswert erscheinen lässt. Selbst der Mann, der ein Kind missbraucht, wird bei seinem Missbrauch nicht einfach nur seine sexuellen Bedürfnisse ausagieren. Er versucht, seine sexuelle Perversität zu verschleiern unter dem Deckmantel, er möchte dem Kind ja Nähe zeigen. Er überspielt das Böse, indem er sich selbst etwas vorlügt.

Oft überrumpelt uns die Versuchung. Wir haben gar keine Chance zu reagieren. Es kommt einfach ein innerer Impuls, dies oder jenes zu tun. Nachher ärgern wir uns. Aber in dem Augenblick selbst konnten wir gar nicht anders, als dem Impuls nachzugeben.

Trotzdem: Bei all den Versuchungen, die uns überrumpeln, gibt es eine *»allgegenwärtige Hintergrundmotivation«.* Und die besteht in der Sorge, zu kurz zu kommen: »die Angst, mit dem Verzicht auf das mit Händen zu greifende sofortige Teilglück – z. B. eine Aufgabe zu erledigen, ein Vergnügen auszukosten, eine Bequemlichkeit zu genießen – eine unwiederbringliche Chance des Jetzt und Hier, ein unersetzliches Stück Selbstverwirklichung für ewig ungenutzt zu lassen«. (Görres 100)

Viele können der Versuchung nicht widerstehen, weil sie Angst haben, sie könnten wirklich etwas versäumen, sie könnten zu kurz kommen. Es sind uralte Ängste, die aus der Kindheit kommen. Da hatte man immer das Gefühl, zu kurz zu kommen. Ein Mann, der als Kind immer zu kurz kam, kauft dann als Erwachsener ständig Sachen ein, die er gar nicht braucht. Obwohl er gut verdient, macht er ständig Schulden. Er kann der Versuchung nicht widerstehen, das zu kaufen, was ihn gerade unwiderstehlich anschaut. Doch damit stürzt er seine ganze Familie ins Unglück. Andere bettelt er dann an, ihm die Schulden zu bezahlen, mit der Versicherung, er würde alles wieder zurückzahlen. Doch seine Unfähigkeit, der Versuchung zu widerstehen, führt dahin, dass er sein Versprechen nicht hält, dass er zum Lügner wird. So beginnt der Teufelskreis des Bösen.

Jeder von uns ist Versuchungen ausgesetzt. Die Frage ist, wie wir darauf reagieren sollen. Albert Görres sieht in der Antwort der Bibel große Ähnlichkeiten mit dem, was auch die Psychotherapie vorzuschlagen hat. In der Versuchung Jesu, wie sie uns die drei synoptischen Evangelien verkünden, wird das sichtbar. Jesus lässt die Versuchung an sich herankommen. Er lässt sie in sein Inneres hinein. Er hört sich die Argumente des Versuchers an. »Er tabuisiert den Teufel und das Böse nicht – Tabuisierung heißt Kontaktvermeidung.« (Görres 104) Jesus lässt sogar den Teufel weiterreden, »bis er mit allen Versuchungen fertig war«. (Markus 1,13) Erst dann weist Jesus den Teufel von sich. Er entlarvt seine Argumentation als Lüge.

Görres nennt das – gemeinsam mit Sigmund Freud: »Urteilserledigung durch Denkarbeit«. (Görres 104) Und indem Jesus dem Teufel ein anderes Bibelwort entgegensetzt, wendet er eine wichtige psychologische Methode an: »Die Ersetzung des andrängenden Scheinwertes durch *Umlenken der Aufmerksamkeit* auf eine entgegenstehende oder einfach andere Motivation von entwaffnend selbstverständlicher Wahrheit und von anziehender Liebenswürdigkeit.« (Ebd. 104)

Im Bestehen der Versuchung geht es darum, die Scheinwerte, die uns der Versucher anbietet, umzutauschen gegen wahre Werte, wahre Schätze. Görres zitiert ein Wort des Evagrius Ponticus, der auf dem Hintergrund der Austreibung der Händler aus dem Tempel sagt: »Seid gute Geldwechsler!« Wir sollen das falsche Geld, das uns der Versucher andrehen möchte, gegen richtiges Geld umtauschen, gegen Werte, die wirklich unser Leben tragen.

Evagrius hat ein eigenes Buch über Gegenworte geschrieben, das *Antirhetikon.* Für ihn besteht die Versuchung darin, dass uns die Dämonen irgendwelche negativen Worte einsagen, Worte, die uns in Traurigkeit stürzen, die uns innerlich lähmen oder die uns antreiben, jedes Bedürfnis zu erfüllen. Gegen solche destruktiven Worte sollen wir dann jeweils ein Wort aus der Schrift aussprechen. Das Wort der Bibel kann dann die negativen Worte langsam verwandeln und ihnen ihre Macht nehmen. Evagrius nennt diesen Weg der Gegenworte die Methode Jesu, der in der Versuchung ja auch dem Versucher Worte aus der Schrift entgegengehalten und so die Versuchungen bestanden hat.

Askese – die Antwort der Wüstenväter

Die Wüstenväter haben die Erzählung von der Versuchung Jesu geliebt. Und sie haben immer wieder junge Mönche ermutigt, die enttäuscht waren, dass sie trotz aller geistlichen Bemühungen immer wieder versucht werden. Sie haben ihnen erklärt, dass die Versuchungen wesentlich zum Menschen gehören und ihn reifer und stärker machen können, wenn er ihnen tapfer widersteht.

So sagt ein Altvater: »Wenn der Baum nicht vom Wind geschüttelt wird, wächst er nicht und bekommt keine Wurzeln. So ist es auch mit dem Mönch. Wenn er nicht versucht wird und die Versuchung nicht erträgt, wird er nie zum Mann.« Ja, die Versuchungen sind für die Mönche der Weg, wie Jesus zu einem vertrauten Umgang mit Gott zu gelangen.

So schreibt Isaak von Ninive: »Ohne Versuchung wird die Sorgfalt Gottes für uns nicht empfunden, das Vertrauen zu ihm nicht erworben, die Weisheit des Geistes nicht gelernt und die Liebe Gottes nicht in der Seele befestigt. Vor den Versuchungen betet der Mensch zu Gott wie ein Fremder, nachdem er aber aus Liebe zu ihm die Versuchung bestanden hat, ohne sich durch dieselbe verkehren zu lassen, alsdann betrachtet ihn Gott als einen, der ihm geliehen hat und von ihm Zinsen zu empfangen berechtigt ist und als einen Freund, der für seinen Willen gegen die Macht der Feinde gekämpft hat.«

Ein anderer Weg, auf die Versuchungen zu reagieren, ist das, was die christliche Tradition Askese genannt hat. Askese ist Einübung in die Freiheit, Training in die innere

Freiheit. Ohne Training gibt es keine angemessene Reaktion auf die Versuchungen, denen wir täglich ausgesetzt sind. »Bewältigung des Bösen ohne ›asketisches‹ Ernstfalltraining ist wenig aussichtsreich. Sanftlebiger Humanismus ist dazu untauglich.« (Ebd. 107) Ich muss immer auch meine Grenzen akzeptieren. Ich darf mich nicht jeder Versuchung aussetzen, sondern soll durch Verzicht einen Raum schaffen, in dem ich selber lebe, anstatt von meinen Bedürfnissen gelebt zu werden. Es gehört auch Demut dazu, sich einzugestehen, dass ich nicht jeder Versuchung gewachsen bin. Daher ist es sinnvoll, sich manchen Versuchungen von vornherein zu entziehen.

Die Askese besteht aber nicht nur im Verzicht auf Versuchungssituationen. Sie besteht auch im Ringen mit den Leidenschaften. Dabei raten die Wüstenväter und -mütter, sich mit den Leidenschaften vertraut zu machen. Nur auf diese Weise können wir ihnen widerstehen. So rät der Altvater Joseph dem Altvater Poimen, er solle die Leidenschaften in sich eintreten lassen und mit ihnen kämpfen. Und er erklärt ihm diesen Rat: »Wenn die Leidenschaften eintreten, und du ihnen gibst und von ihnen nimmst, so werden sie dich bewährter machen.« (Apo 386)

In den Leidenschaften steckt auch eine Kraft. Wenn wir die für uns gewinnen, dann bekommen die Leidenschaften und mit ihnen das Böse keine Macht über uns. Allerdings gibt es auch Menschen, die den Leidenschaften nicht gewachsen sind und sich diese deshalb lieber vom Leib halten sollten. So sagt der Altvater Joseph zu Poimen: »Ich habe aber zu dir gesprochen, wie zu mir selbst! Es gibt aber andere, denen es nicht frommt, dass die Leidenschaften an sie herankommen. Sie haben es nötig, sie auf der Stelle abzuschneiden.« (Apo 386) Askese ist also das Ringen mit den Leidenschaften, entweder indem man sie sich vertraut macht oder aber indem man sie abschneidet. Es braucht daher immer die Klugheit, damit wir in der Askese uns richtig verhalten, dass wir keine falschen Trainingsmethoden anwenden, sondern die, die uns in die Freiheit und in die Kraft führen.

Das Böse erleiden

Das Böse und das Übel

Wir erleiden das Böse auf verschiedene Weisen. Es tut uns jemand etwas Böses an. Er behandelt uns ungerecht. Er verbaut uns unsere berufliche Zukunft. Der Nachbar schikaniert uns mit seinem ständigen Gestichel, mit dem Lärm, den er abzustellen nicht bereit ist, mit seinem Auto, das er immer wieder in unsere Einfahrt stellt. Wir erfahren das Böse, wenn wir bei der Arbeit gemobbt werden, wenn uns ein Kollege durch Verleumdung beim Chef schlechtmacht und uns durch Intrigen schadet.

Und es gibt das Böse, das uns widerfährt. Hier spricht man eigentlich nicht vom Bösen, sondern vom Übel. Ein Übel ist etwas Schlimmes, das uns widerfährt. Da ist nicht immer böses Verhalten die Ursache. Aber wir sprechen auch von bösen Zeiten. Dann verbinden wir das Übel mit dem Bösen.

Das Böse ist von der deutschen Sprache her das Aufgeblasene, Arrogante, das Stolze, das sich über alle Gebote hinwegsetzt. Das Böse ist ein moralischer Begriff. Das Übel ist eher ein Begriff des Widerfahrens, des Bösen, das von außen auf uns zukommt. Übel ist ursprünglich das »Unbillige«: das, was über das Maß hinausgeht, was uns nicht guttut. Die lateinische Version des Vaterunsers »libera nos a malo« wurde früher übersetzt: Erlöse uns von dem Übel. Heute beten wir: Erlöse uns von dem Bösen. Das griechische Wort »poneros« meint beides: das Schlimme, das uns widerfährt, und das Schlechte und Böse im moralischen Sinn.

So möchte ich auch beide Aspekte betrachten. Wir erleiden das Böse, das Schlimme, wenn wir bei einem Verkehrsunfall schwer verletzt werden oder wenn uns ein lieber Mensch durch einen tödlichen Unfall entrissen wird. Manchmal sind wir an dem Verkehrsunfall vollkommen unschuldig. Irgendjemand, der vielleicht zu viel getrunken hat, hat die Vorfahrt nicht beachtet oder ist auf die verkehrte Straßenseite geraten. Wir konnten ihm nicht ausweichen. Es ist schlimm, wenn uns so etwas passiert. Und wenn da noch die Schuld des andern ins Spiel kommt, weil ein anderer uns betrunken ins Auto gefahren ist, dann ist das Schlimme zugleich auch das Böse. Das Böse, die Unbeherrschtheit, die Verantwortungslosigkeit hat uns das Leid bereitet.

Manchmal erleben wir auch eine Krankheit als etwas Schlimmes, das uns widerfährt, vor allem, wenn wir die Krankheit als etwas erleben, das uns andere eingebrockt haben, indem sie uns angesteckt oder uns etwas Verderbliches zu essen gegeben haben. Ganz gleich, ob an der Krankheit jemand schuld ist oder ob sie uns einfach widerfährt, wir erleben sie immer als etwas Schlimmes. Und die Frage ist, wie wir dem begegnen.

Der Umgang mit dem, was uns widerfährt

Ich möchte eine Antwort geben, indem ich die Situation der Krankheit vor Augen habe, die mir von außen widerfährt, die ich als ein Übel, als etwas Schlimmes erlebe, das meine Lebenspläne durchkreuzt.

Der erste Schritt, auf die Krankheit zu reagieren, beginnt mit dem Annehmen. Ich muss die Krankheit annehmen, die mir von außen widerfahren ist. Es hat keinen Sinn, ständig Gott anzuklagen, dass er mich nicht davor behütet hat. Wenn ich die Krankheit und den Unfall annehme, dann frage ich zugleich, was sie mir sagen möchte. Was ist die Chance, die darin liegt, dass mein so ruhiges Leben jetzt auf einmal durcheinandergeraten ist?

Es ist immer die Chance, innezuhalten und sich zu fragen: Wie möchte ich leben? Ist mein Leben stimmig? Worauf kommt es eigentlich an? Welche Spur möchte ich eingraben in diese Welt?

Bei der Frage, was uns die Krankheit sagen möchte, sollen wir aber nicht in die Vergangenheit schauen. Wir sollen nicht nach den Ursachen oder der Schuld fragen. Denn sonst verbinden wir jede Krankheit mit Schuldgefühlen und einem schlechten Gewissen. Doch das schlechte Gewissen hilft uns nicht, die Botschaft der Krankheit zu verstehen. Vor allem lähmt es uns im Kampf mit der Krankheit. Es ist heute üblich, dass wir immer nach der Ursache fragen. Sigmund Freud hat das die »kausal-reduktive Deutung der Krankheit« genannt. Diese Deutung reduziert die Krankheit auf eine vergangene Ursache.

C. G. Jung plädiert dagegen für die finale Deutung. Ich schaue nicht in die Vergangenheit, sondern in die Zukunft. Was will die Krankheit mir sagen? Welchen Sinn könnte sie haben? Zumindest ist die Krankheit die Einladung, innezuhalten und mich zu fragen: Wer bin ich eigentlich? Woher definiere ich mich? Definiere ich mich nur von meiner Kraft und Gesundheit her? Was ist mein wahres Ich, das jenseits von Krankheit und Gesundheit ist?

Der zweite Schritt ist der Kampf. Das Annehmen darf nicht rein passiv geschehen. Ich soll nicht sagen: »Da kann man nichts machen. Ich muss mich halt damit abfinden.« Das wäre eher Resignation. Die Resignation raubt mir aber alle Energie.

Wenn ich die Krankheit annehme, kann ich auch den Kampf mit ihr aufnehmen. Die Krankheit ist jetzt eine Herausforderung an mich. Ich versuche, meine Gesundheit zu fördern, das Immunsystem zu stärken, meine Abwehrkräfte zu mobilisieren. Ich versuche, die Krankheit niederzuringen.

Ich kämpfe. Ich versuche, das Beste daraus zu machen. Ich gebe mich selbst nicht auf. Aber dieser Kampf muss immer realistisch sein. Wenn ich eine schwere Krankheit habe, werde ich auch durch den Kampf nicht unbedingt wieder so gesund werden wie vorher. Ich werde mich möglicherweise aussöhnen müssen mit der Einschränkung, die mir die Krankheit auferlegt. Aber ich lasse mich von der Einschränkung nicht vom Leben abhalten. Ich versuche, so gut es geht, mit der Krankheit zu leben. Und wenn die Krankheit zum Tode führen wird, muss ich mich damit aussöhnen, anstatt unrealistischen Erwartungen nachzuhängen.

Dabei soll ich aber die Hoffnung nie aufgeben. Es gibt immer die Hoffnung auf ein Wunder der Heilung. Vor allem aber meint die Hoffnung, dass die Zeit, die mir Gott zum Leben gewährt, eine wertvolle Zeit ist, in der ich bewusst meine Lebensspur in diese Welt eingrabe.

Der dritte Schritt ist der spirituelle Weg. Ich frage Gott, was er mir durch die Erfahrung der Krankheit sagen möchte. Das, was mir widerfährt, was meine Lebenspläne durchkreuzt, das könnte mich aufbrechen. Es zerbricht zunächst meine Vorstellungen von mir selbst, vom Leben und von Gott. Aber indem ich mir meine Vorstellungen zerbrechen lasse, werde ich aufgebrochen für mein wahres Selbst.

Wer bin ich wirklich? Ich bin nicht nur der immer gesunde und erfolgreiche Mensch. Ich bin auch hinfällig und schwach. Und in dieser Schwäche komme ich möglicherweise mit meinem wahren Selbst in Berührung, mit dem innersten Kern meiner Person. Ich werde aufgebrochen für andere Möglichkeiten des Lebens.

Vielleicht geht es mir wie Jakob, den Gott an der Hüfte verletzt hat. Er muss nun zeit seines Lebens langsamer und achtsamer gehen. Er hinkt. Er wird ständig an die Verletzung erinnert. Aber gerade so wird er zum Stammvater Israels, zum Patriarchen. Und ich werde aufgebrochen für den ganz anderen, unbegreiflichen Gott. Ich erahne das Geheimnis Gottes in allem, was geschieht. Es ist nicht mehr der Gott, der mich vor allem Unheil beschützt. Aber es ist dennoch der Gott, der alles zum Guten zu lenken vermag. Und er ist der Gott in mir, den ich nur als das unbegreifliche Geheimnis erahne.

Die Krankheit, die mir widerfährt, zerbricht nicht nur meine Vorstellungen von mir, von Gott, vom Leben, sie bricht mich auch auf. Sie lädt mich ein, einen neuen Aufbruch zu wagen in ein intensiveres Leben.

Alles, was ich vom Umgang mit der Krankheit geschrieben habe, gilt auch für den Unfall, der mich aus der Bahn wirft, ganz gleich, ob er selbst verschuldet war oder nicht. Es gilt vom Unglück, das mir widerfährt, wenn ich von einer Naturkatastrophe heimgesucht werde oder wenn ich meine Arbeitsstelle verliere. Es gilt von allem Leid, das mir widerfährt und mich und mein Leben durchkreuzt.

Der mystische Weg

So will ich beim vierten Schritt – dem mystischen Weg – alle diese Formen des Übels und des Bösen, das mir widerfährt, im Blick haben. Der mystische Weg bedeutet für mich: Ich nehme die Krankheit, den Unfall, das Unglück, die Behinderung, das Leid, die Verletzung und Kränkung an. Aber ich gehe durch den Schmerz, den mir das Übel bereitet hat, hindurch und gelange in den Grund meiner Seele.

Dort, unterhalb des Schmerzes, unterhalb der Verzweiflung, unterhalb der Rebellion ist in mir ein Ort der Stille. Es ist der Raum, in dem Gott selbst in mir wohnt. Und dort, in diesem Raum der Stille, bin ich frei von der Macht der Menschen, auch frei von der Macht böser Menschen.

Dort können mich diese Kräfte nicht erreichen. Und dort bin ich heil und ganz. Weder die Krankheit hat diesen innersten Kern zerstört noch das Unheil, das mir widerfahren ist.

Dort in der Tiefe meiner Seele bin ich ganz gesund, ganz im Einklang mit mir. Und dort bin ich ursprünglich und authentisch. Alle Bilder, die mir andere übergestülpt haben, lösen sich auf. Die Bilder meiner Selbstentwertung lösen sich auf, aber auch die Bilder der Selbstüberschätzung. Ich bin einfach ganz ich selbst, jenseits aller Stärken und Schwächen, jenseits von Glück und Unglück, jenseits von Gesundheit und Krankheit.

Dort bin ich rein und klar. Dort haben auch die Schuldgefühle keinen Zutritt, auch die Selbstbeschuldigungen nicht, mit denen ich mir selbst die Schuld an allem Unheil zuschiebe. Und dort ist nicht die Frage, wer schuld war: ich selbst oder andere. Es ist so, wie es ist. Ich genieße dieses Klare, Schuldlose, Reine in mir.

Dort, in diesem Raum innerer Klarheit und Reinheit, erkenne ich meine wahre Identität. Alles Äußere, alles Zerbrochene, alles Scheitern kann mir diese innere Identität nicht nehmen. Das reine und unverfälschte Bild, das Gott sich von mir gemacht hat, strahlt dort auf in seinem ursprünglichen Glanz, trotz aller Trübungen, die sich über mein Leben gelegt haben. Und dort, wo das Geheimnis des unbegreiflichen Gottes in mir wohnt, kann ich bei mir selbst daheim sein. Trotz der Schmerzen, die vielleicht chronisch geworden sind, kann ich im Grund meiner Seele Heimat erfahren.

Der mystische Weg löst das Übel nicht auf, aber er nimmt ihm die Macht. Trotz allen Übels, trotz alles Bösen, das mich trifft, gibt es in mir einen heilen Raum. Dort bin ich geschützt vor allem Bösen und vor allem Leid.

Jesus geht davon aus, dass uns Böses widerfährt, dass wir Übel erleiden müssen. Aber er gibt uns Anweisungen, wie wir auf das Böse reagieren sollen. Ich möchte nur einige Anweisungen aus der Bergpredigt anschauen.

Die erste Anweisung ist die achte Seligpreisung: »Selig, die um der Gerechtigkeit willen verfolgt werden; denn ihnen gehört das Himmelreich.« (Matthäus 5,10) Gregor von Nyssa, ein griechischer Kirchenvater aus dem 4. Jahrhundert, deutet diese Seligpreisung vom Sport her. Er meint: Wenn du einen langen Lauf machst, brauchst du Menschen, die dich antreiben, damit du schneller läufst. Du musst nicht als Erster ins Ziel kommen. Aber du brauchst Menschen, die dich verfolgen, damit du schneller ans Ziel gelangst.

Dieses Bild interpretiert Gregor dann so: Nicht nur gute Menschen treiben uns an, unseren Weg zu gehen, sondern auch böse. Ja, das Böse selbst, das uns widerfährt, hat letztlich keine Macht über uns, wenn wir uns vom Geist Jesu erfüllen lassen. Das Böse treibt uns dann nur schneller zu Gott hin. Wir werden vom Bösen nicht beherrscht, sondern nur angetrieben, auf Gott hinzulaufen.

Diese Sichtweise ist für uns ungewohnt. Doch ich habe für mich selbst diese Seligpreisung im Sinn Gregors meditiert. Dabei ist mir aufgegangen: Die Krankheiten, die ich erfahren habe, das Unglück, das mich hier und da bei meiner Verwaltungsarbeit getroffen hat, alles Harte und Widerwärtige in meinem Leben – all das treibt mich nur an, auf Gott hinzulaufen. Alles will mich in die Arme Gottes treiben. Dann verliert das Übel, das mir von außen widerfährt, einen Teil seiner Macht über mich. Auch böse Handlungen von andern Menschen treiben mich dann nicht in den Zorn und den Hass hinein, sondern in Gott hinein. Damit wird dem Bösen die Macht genommen.

Im Laufe der Bergpredigt gibt uns Jesus noch andere Anweisungen, wie wir auf das Böse reagieren sollen, das uns widerfährt. In der fünften Antithese »Von der Vergeltung« sagt er das provozierende Wort: »Leistet dem, der euch etwas Böses antut, keinen Widerstand.« (Matthäus 5,39) Bei der Auslegung dieses Textes ist heftig um den Sinn dieses Wortes gerungen worden.

Schon die Übersetzung ist eine Deutung. Man kann es übersetzen: »Leistet dem Bösen keinen Widerstand.« Dabei kann man aber das Böse als Neutrum verstehen oder als Maskulinum. Ich soll vielleicht dem bösen Menschen keinen Widerstand leisten und ihn dadurch zu noch mehr Bösem reizen.

Oder ich kann es so übersetzen: »Führt keinen Prozess mit dem, der euch Böses angetan hat.« Der Exeget Walter Grundmann tritt für die rechtliche Interpretation dieses Wortes ein. Der Jünger Jesu soll darauf verzichten, mit dem Bösen einen Prozess zu führen. Gegen den Bösen Rechtsmittel einzulegen heilt seine Bosheit nicht. Es gibt dann nur ein Gerichtsverfahren nach dem anderen, aber keine Lösung des Problems und auch keine Verwandlung der Bosheit. Der Böse wird in seiner Bosheit gleichsam festgehalten. Jesus aber geht es um die Überwindung des Bösen.

Der Psychologe Hans Deidenbach deutet das Wort Jesu dagegen so, dass wir nicht zu lange in negativen Gedanken über einen bösen Menschen verweilen sollen. Denn das schadet uns selbst. Daher übersetzt er die Widerstandslosigkeit, die Jesus hier fordert, so: »Verweile nicht unnötig lange in ›negativen‹ Gedanken, Gefühlen (Hass, Neid, Verbitterung) und Vorstellungen über dich, andere Menschen, Situationen oder Zustände. Lass belastende Erlebnisse aus der Vergangenheit los.« (Deidenbach 42) Auf diese Weise entziehen wir uns der Macht des Bösen. Der zweite Schritt besteht dann darin, kreativ auf das Böse zu reagieren: »Der nächste Schritt ist, zu überlegen, wie du in deinem Verhalten Lösungen finden kannst, die für den anderen so überraschend und verblüffend sind, dass auch er aus seinem gewohnten Denken und Verhalten herausgerissen wird und nach den Gründen für dein Verhalten zu fragen beginnt. So kommst du in ein Gespräch mit deinem Gegner.« (Ebd.)

Jesus zeigt drei kreative Lösungen auf, die den Bösen überraschen und auf diese Weise einen Weg der Verwandlung ermöglichen. Die erste Lösung besteht darin, dem, der mich auf die rechte Wange schlägt, auch die linke hinzuhalten. Das meint nicht, dass ich alles an mir geschehen lasse und dem Bösen seinen Lauf lasse. Matthäus denkt hier an ein Schlagen mit dem Handrücken, das nichts mit Gewalt, sondern mit Entehrung zu tun hat. Wenn ich meine Ehre in Gott habe, muss ich nicht auf die Ehrung durch Menschen pochen. Dann kann mir der andere meine Ehre gar nicht nehmen. Seine Entehrung geht ins Leere. Wenn ich mich nicht entehrt fühle, kann mein Verhalten den Gegner auf eine andere Ebene bringen. Er wird verunsichert, weil ich nicht so reagiere, wie er es erwartet. Und diese Verunsicherung ist die Chance, dass er selbst zu denken anfängt.

Die zweite kreative Lösung: »Dem, der dich in einen Prozess verwickeln und deinen Leibrock nehmen will, dem lass auch das Obergewand.« (Matthäus 5,40) Hier geht es um einen unnachgiebigen Gläubiger, der den Leibrock des andern verpfänden will. Den Mantel konnte er nicht pfänden, der war vom jüdischen Recht als Schutz für die Nacht gedacht, als wärmende Decke gegen die Kälte in der Nacht. Doch wer sich von Gott geschützt weiß, kann selbst auf dieses Recht verzichten. Auch so ein Verhalten verblüfft den Gläubiger und kann ihn vielleicht dazu bringen, seine Gier loszulassen.

Die dritte Lösung: »Wenn dich einer zwingen will, eine Meile mit ihm zu gehen, dann gehe zwei mit ihm!« (Matthäus 5,41) Jeder römische Soldat hatte das Recht, einen Juden zu zwingen, mit ihm eine Meile mitzugehen – als Wegweiser oder als Kofferträger. Man kann sich vorstellen, dass viele Juden das zähneknirschend getan haben. Wenn ich stattdessen zwei Meilen mit dem Römer gehe, kann ich ihn unterwegs zu meinem Freund machen. Ich unterhalte mich mit ihm. Er ist nicht mein Feind, sondern einfach ein Mensch. Und so kann ich ihn durch meine Offenheit für mich gewinnen. Und schon ist die Härte des Besatzungsrechts aufgehoben, und zwischen Besatzern und Besetzten kann eine Freundschaft entstehen. Die tut beiden gut.

Jesus zeigt uns in der Bergpredigt also verschiedene Wege, wie wir das Böse nicht passiv erleiden müssen, sondern wie wir es umwandeln können. Die drei kreativen Lösungen bringen in dem, der uns Böses tun, etwas in Bewegung. Sie verunsichern den Bösen, öffnen seinen Blick für ein mögliches anderes Verhalten. Und so heben sie oft das Böse in einem bösen Menschen auf und befähigen diesen Menschen, einen anderen Blick zu bekommen und dadurch sich vom bösen Verhalten zu lösen und andere Verhaltensweisen auszuprobieren.

Dass die kreativen Lösungswege, die uns Jesus in der Bergpredigt aufzeigt, nicht utopisch sind, zeigen uns Beispiele aus der Geschichte. Martin Luther King hat das Böse, das ihm in den Schwarzenhassern entgegentrat, nicht mit Bösem vergolten. Er hat in den Bösen auch den guten Kern gesehen. Er hat die Hasser letztlich durch seine Liebe verwandelt. Auch wenn er seine Liebe mit dem Leben bezahlt hat, hat er doch mit seiner Befolgung der Bergpredigt in den USA etwas in Bewegung gebracht. Die Tatsache, dass heute ein Schwarzer Präsident der Vereinigten Staaten ist, zeigt, dass dieser Weg der Bergpredigt durchaus auch politischen Erfolg haben kann. Er kann die Welt verändern.

Ein anderes Beispiel aus meiner eigenen Familie: Mein Vater lud während des Krieges die polnischen Zwangsarbeiter, die in unserer Wohngegend die Bombenschäden ausbessern mussten, zum Essen ein. Daraus sind gute Beziehungen entstanden. Bei Kriegsende war dann unser Haus das einzige Haus, das nicht geplündert wurde. Weil mein Vater die von den Nazis vorgeschriebenen Verhaltensregeln durchbrochen hat, hat er neue Wege des Miteinanders eröffnet.

Solche Beispiele dürfen wir auch heute immer wieder erleben: Die Feindschaft wird überwunden und ein neues Miteinander ist möglich. Das sind Wege, das Böse zu verwandeln und ihm die Macht zu nehmen.

Vom Bösen zum Guten

Die Überwindung des Bösen in Therapie und Seelsorge

Die gesamte christliche Ethik will uns einen Weg zeigen, vom Bösen zum Guten zu gelangen. Doch bevor ich die Aussagen der christlichen Ethik und der Bibel zur Bewältigung des Bösen betrachte, möchte ich Wege der Überwindung des Bösen durch die Psychotherapie und Seelsorge aufzeigen.

Die Psychotherapie sieht ihre Aufgabe nicht in erster Linie darin, das Böse zu überwinden, sondern neurotische Krankheiten zu heilen. Doch da neurotische Strukturen das Böse fördern, legt sich die Psychotherapie indirekt doch mit dem Bösen an. Sie will Fehlhaltungen abbauen, die das Böse fördern. Görres meint, dass Menschen, die sich in der Psychotherapie ihrer eigenen Wahrheit gestellt haben, »friedlicher, liebevoller, bereiter zur Einfühlung geworden sind und dass Böses in ihnen gemildert wurde«. (Ebd. 130)

Der Weg der Heilung führt in der Psychotherapie über das Bewusstwerden der negativen Gefühle wie Hass, Neid, Rachsucht, Sadismus und Masochismus, Gier und Selbstsucht. Indem diese Gefühle bewusstgemacht werden, verdunsten sie. Und auf dem Grund dieser negativen und oft genug zerstörerischen Gefühle entdeckt der Patient oft andere Gefühle wie Liebe und Mitgefühl. Viele Menschen haben in sich Hassgefühle auf die Eltern aufgestaut über die Kränkungen, die sie in der Kindheit erfahren haben. In der Therapie »kann mit der wiederkehrenden Erinnerung ein Eisblock schmelzen, weil der nun Erwachsene die Kränkung jetzt verzeihlich findet. Der eingefrorene und nun aufgetaute Hass verfliegt. Verzeihung wird möglich. Dieses Böse ist bewältigt.« (Görres 132)

Wie dieser Weg gelingen kann, durch die negativen Gefühle hindurchzugehen, um an die positiven Gefühle heranzukommen, die unter all dem angestauten Hass auf dem Grund der Seele bereitliegen, das habe ich bei einem Kurs erfahren. Es ging bei diesem Kurs um die Trauer um verstorbene Eltern oder Ehepartner. Eine Frau nahm daran teil, deren Mutter erst vor kurzem gestorben war. Die Beziehung zur Mutter war sehr schlecht gewesen. Sie fühlte sich verletzt, übersehen, vernachlässigt und beschämt von der Mutter.

Die Teilnehmer sollten nun einen Brief an die Verstorbenen schreiben und dann einen Brief vom Verstorbenen an sich selbst. Diese Frau schrieb der Mutter von ihren Gefühlen der Kränkung. Sie schrieb alles auf, was ihr weh getan hatte. Sie gab auch ihrer Wut und ihrer Bitterkeit Ausdruck. Doch als sie den Brief der Mutter an sich selbst schrieb, kamen ihr von der Mutter her spontan die Worte in den Sinn: »Du sollst aber wissen, dass ich dich trotz aller Verletzungen immer geliebt habe.« In diesen Worten kam die Sehnsucht der Tochter nach der Liebe der Mutter zum Ausdruck. Und auf einmal lösten sich alle Hassgefühle und alle Vorwürfe an die Mutter auf. Sie konnte hinter allen Verletzungen doch das Bemühen der Mutter sehen, ihre Tochter zu lieben, so zu lieben, wie es ihr in ihrer Begrenzung möglich war.

Durch das Ausagieren der negativen Gefühle im Schreiben kam die Tochter mit ihrer Sehnsucht in Berührung, die Liebe der Mutter zu spüren und an sie zu glauben. Auf diese Weise ist das Böse in ihrem Hass zusammengeschmolzen und hat sich aufgelöst. Das ist Überwindung des Bösen, ohne die moralisierende Forderung: Du musst gegen das Böse kämpfen. Indem ich mich dem Bösen stelle, das in meiner Geschichte geschehen ist, kann ich hinter dem Bösen die Sehnsucht nach Liebe spüren und damit das Böse entmachten.

Das Ziel der Psychotherapie ist die Katharsis, die Reinigung von negativen Affekten. Indem die eingefrorenen Hassgefühle bewusstgemacht werden, können sie auftauen. Wenn die Wut zugelassen und symbolisch ausagiert wird – etwa im Boxen auf einen Sandsack –, verwandelt sie sich oft »in liebevolle Gefühle gegen den Menschen, dem sie gegolten hat«. (Görres 133)

Das Böse, das sich in der Psychotherapie zeigt, »ist meist keine fröhliche Bosheit aus vollem Herzen, kein Genuss ohne Reue; sondern eine gequälte, zwanghafte und suchthafte oder angst- und triebgejagte, eine *leidvolle Reaktion auf unerträgliche Verwundungen und Entbehrungen*, ein Außer-sich-Geraten wie bei einem zum äußersten getriebenen Kind, dem mit der Besonnenheit auch die Freiheit genommen wurde«. (Görres 134)

In der Psychotherapie geht es darum, die Ursachen des Bösen im Patienten anzuschauen. Wenn der ursprüngliche Hass angeschaut und symbolisch ausagiert wird, kann er aufgelöst und in Liebe verwandelt werden. Das ist ein wichtiger Beitrag zur Überwindung des Bösen, den die Psychotherapie leistet. Das Böse tut man eben meistens nicht aus Lust am Bösen, sondern aus Verzweiflung. Und daher gilt es, die Verzweiflung anzuschauen, die hinter dem Bösen steckt. Wenn die Verzweiflung sich in Hoffnung verwandelt, dann braucht der Mensch das Böse nicht mehr.

Die Verwandlung der Verzweiflung, die sowohl in der Therapie als auch in der Seelsorge geschehen kann, ist eine wirksame Überwindung des Bösen. Aber entscheidend ist für den Therapeuten und für den Seelsorger, dass er an den guten Kern glaubt, der hinter der Verzweiflung in dem »bösen« Menschen steckt. Indem ich nicht direkt gegen das Böse kämpfe, sondern an das Gute glaube, das hinter dem Bösen steckt, kann ich dieses Gute auch hervorlocken.

Albert Görres beschreibt das am Beispiel eines Mannes, der süchtig ständig andere Frauen sexuell verbrauchte. Alle Appelle, von diesem Verhalten zu lassen, fruchteten nicht. Erst als er sich in der Therapie an eine Szene aus seiner Kindheit erinnerte, ließ der Drang nach sexueller Eroberung von Frauen nach. Als Kind musste er einige Zeit wegen Verbrühungen im Krankenhaus verbringen. Er erinnerte sich nicht nur an den Wundschmerz, sondern an »die für dieses sensible und zärtlichkeitsbedürftige Kind unerträgliche Entbehrung der Mutter«. (Ebd. 135) Das Böse – die Verletzung und der Missbrauch von Frauen – konnte aufgelöst werden, weil dieser Mann die Schmerzen der Kindheit nochmals durchlebt und seine Mutterentbehrung betrauert hat.

Viele Christen vermeiden die Psychotherapie. Sie meinen, es habe keinen Sinn, ständig um die Verletzungen der Kindheit zu kreisen. Sie hätten ihrem Vater und ihrer Mutter längst verziehen. Es gibt sicher Fehlformen der Therapie, die sich das Aufarbeiten aller Verletzungen zum Ziel gesetzt haben. Das ist oft ein Abarbeiten ohne Ende. Aber wenn wir zu schnell verzeihen wollen, merken wir, dass die alten Verletzungen sich doch wieder zu Wort melden. Menschen, die zu schnell verziehen haben, sehen bald ein, »dass ihre Neurose ein unaufhörliches Nachtarocken am falschen Platz ist. Viele Lieblosigkeiten, hervorragende Leistungen an Unausstehlichkeit, sind Zeichen einer noch nicht gelungenen Verzeihung. Solche Menschen verstehen intuitiv, dass sie den Hass niemals ernstlich wollen dürfen, wohl aber den ihn provozierenden Schmerz erneut fühlen müssen, um ihn ganz zu überwinden.« (Görres 136)

So ist es ein Zeichen christlicher Demut, wenn auch der Christ sich den negativen Erfahrungen seiner Kindheit stellt und die Kränkungen nochmals anschaut und durcharbeitet oder aber Gott hinhält. Nur so kann die innere Haltung sich wandeln. Und auf einmal, wie durch ein Wunder wandelt sich der Hass in Liebe, der Neid in Mitgefühl und die Rachsucht in Friedfertigkeit. Und dieser Vorgang wird tatsächlich oft als ein Wunder erlebt.

Wege der Vergebung

Albert Görres spricht davon, dass das Böse oft darauf hinweist, dass eine Vergebung nicht gelungen ist. Sowohl für die Psychologie als auch für die Seelsorge ist die Vergebung auf jeden Fall ein wichtiger Weg, wie das Böse überwunden werden kann. Die Vergebung ist nicht nur eine moralische Forderung an uns Christen, sondern – so sagt uns die Psychologie – auch ein therapeutischer Akt.

Aber es gibt Bedingungen dafür, dass die Vergebung gelingen kann. Und es gibt Schritte, die nacheinander gegangen werden müssen, damit die Vergebung nicht nur äußerlich geschieht, sondern aus ganzem Herzen heraus vollzogen wird.

Der erste Schritt ist, die Verletzung, die Kränkung, den Schmerz, die Demütigung nochmals zuzulassen, nicht um darin zu wühlen, sondern um einfach zu bekennen: Mir hat das weh getan. Für mich war das grausam. Das hat mich tief verletzt. Nur wenn ich meinen Schmerz zugebe, kann er sich langsam auflösen. Ein verdrängter Schmerz hingegen wird sich in mir festsetzen und dann oft dazu führen, dass ich andern Schmerzen zufüge oder aber mich selbst ständig verletze.

Der zweite Schritt: Ich lasse die Wut zu. Die Wut ist die Kraft, den, der mich verletzt hat, aus mir herauszuwerfen, mich von ihm zu distanzieren. In der Wut komme ich in Berührung mit mir und meiner eigenen Kraft. Ich verwandle die Wut in den Ehrgeiz, dass ich selbst leben kann, dass ich mich von dem, der mich verletzt hat, nicht mehr bestimmen lasse, dass ich mein Leben selbst in die Hand nehme. In der Wut steige ich aus der Opferrolle aus. Wenn das Böse mich trifft, dann fühle ich mich als Opfer. Aber es tut mir nicht gut, Opfer zu bleiben. Denn das Opfer wird oft zum Täter. Ohne dass ich es merke, füge ich andern das zu, was ich als Opfer erlebt habe. Ich muss mich verabschieden von meiner Opferrolle, um aktiv auf die Verletzungen zu reagieren. Dabei hilft mir die Wut.

Der dritte Schritt besteht darin, objektiv wahrzunehmen, was geschehen ist. Dann kann ich versuchen, meine Eltern zu verstehen, die mich verletzt haben, weil sie selbst eine schwierige Kindheit hatten. Oder ich verstehe meinen Bruder, der den Kontakt mit mir abgebrochen hat und mich bekämpft. Ich verstehe seine Angst, als Verlierer dazustehen. Ich verstehe seine tiefe Verletzung, dass er sich als Bruder immer benachteiligt gefühlt hat, von der Mutter oder vom Vater. Verstehen heißt nicht entschuldigen. Aber wenn ich etwas *verstehe,* kann ich dazu stehen. Und ich kann zu mir selber stehen, wenn ich mich verstehe in meinen Reaktionen auf die Verletzungen meiner Lebensgeschichte.

Der vierte Schritt besteht dann in der eigentlichen Vergebung. Vergebung ist dabei ein befreiender Akt. Ich befreie mich von der negativen Energie, die durch die Verletzung noch in mir ist. Und ich befreie mich von der Bindung an den, der mich verletzt hat. Denn wenn ich nicht vergeben kann, bin ich immer noch an den gebunden, der mich gekränkt hat. Ich gebe ihm weiterhin Macht.

Der fünfte Schritt besteht schließlich darin, die Wunde in eine Perle zu verwandeln. Das ist für die Verletzungen aus meiner Kindheit gut verständlich. Wenn ich übersehen worden bin, dann kann ich das verwandeln in Sensibilität für andere Menschen, in ein Gespür dafür, wo Menschen zu kurz kommen und zu wenig gesehen werden. Wenn ich zu wenig Selbstvertrauen mitbekommen habe, kann ich das verwandeln in Mitgefühl für die, die an sich selber und an mangelndem Selbstwertgefühl leiden.

Schwieriger ist es jedoch, diese fünf Schritte zu gehen, wenn ich das Böse jetzt im Augenblick erlebe. Wie sollen die Eltern dem Mörder ihrer Tochter vergeben? Wie soll die Schwester ihrem Bruder vergeben, der sie nach dem Tod der Eltern drangsaliert und ihr das ihr zustehende Erbe streitig macht und mit unfairen Methoden gegen sie kämpft? Der sie manchmal mit seinem Hass verfolgt und ihr Angst macht?

Vergebung heißt nicht, dass die Eltern das mörderische Tun entschuldigen. Es bleibt böse und pervers. Vergebung bedeutet, dass sie sich befreien von der Macht des Mörders. Eine Hilfe kann sein, dass sie sich vorstellen: Der Mörder hat unsere Tochter ermordet. Aber er konnte ihr wahres Selbst, ihren innersten Kern, nicht verletzen oder vernichten. Sie ist jetzt im Frieden in Gott. Gott hat sie der Hand des Mörders entrissen und sie in seinen Frieden aufgenommen.

Aber wie soll die Schwester dem Bruder vergeben, der sich vom Bösen leiten lässt und gar keine Bereitschaft zum Frieden oder zur Überwindung des Bösen zeigt? Vergeben bedeutet nicht, dass ich nicht um mein Recht kämpfe. Aber Vergebung würde heißen, dass ich das böse Verhalten beim Bruder lasse, dass ich ihm keine Macht gebe. Auch da hilft eine Vorstellung: Ich stelle mir vor, dass der Bruder sich in seinen Hass verrannt hat, dass er an seinen eigenen Wunden leidet und sich durch sein böses Verhalten gleichsam rächen möchte für all das, was er jemals in seinem Leben erlitten hat. Wenn ich mir das vorstelle, so sehe ich den Bruder nicht als Feind an, den ich bekämpfen muss. Ich wehre mich gegen sein Verhalten, aber ich bekämpfe nicht den Bruder. Ich sehe in ihm immer noch den, der sich nach innerem Frieden sehnt.

Momentan sehe ich keine Möglichkeit, mich mit ihm zu versöhnen, weil er selbst unversöhnlich bleibt. Aber ich kann ihm vergeben, indem ich alles, was er tut, bei ihm lasse. Dann hat er keine Macht über mich. Ich denke nicht den ganzen Tag über ihn nach. Ich kann sogar für ihn beten, dass er seinen Frieden findet.

In der Vergebung geht es aber nicht nur darum, dass wir dem vergeben, der an uns schuldig geworden ist. Unsere Vergebung gründet vielmehr in der Vergebung unserer eigenen Schuld, die wir von Gott erfahren dürfen. Das Vertrauen in die vergebende Liebe Gottes befreit uns von der Macht des Bösen. Wenn wir nicht an die Vergebung Gottes glauben würden, dann würde sich das Böse in uns immer mehr ausbreiten. Wir hätten keinen Weg, uns von ihm zu lösen. Denn das Böse führt dazu, dass wir uns selbst beschuldigen und ablehnen. Aber diese Selbstablehnung führt nicht zur Überwindung des Bösen. Es vermehrt vielmehr das Böse. Wir geben uns immer mehr selber auf. Wir haben keine Kraft mehr, uns gegen das Böse zu wehren. Wir leben es aus, weil wir letztlich an uns selbst verzweifelt sind.

Die Vergebung durch Gott reißt uns aus dieser Verzweiflung über uns selbst heraus. Sie gibt uns das Vertrauen, dass wir trotz unserer Schuld von Gott angenommen sind. Paul Tillich nennt die Vergebung: Annahme des Unannehmbaren. Viele Menschen erleben sich als unannehmbar. Dieses Gefühl führt dazu, dass sie sich auch von andern Menschen nicht angenommen fühlen. Sie geben sich selbst auf. Und diese Selbstaufgabe vermehrt das Böse: Es hat sowieso keinen Zweck, gegen das Böse zu kämpfen. Also lasse ich dem Bösen freien Lauf. Doch damit gerate ich immer mehr in die Verzweiflung.

Paul Tillich meint: Der Blick auf das Kreuz, an dem Christus selbst seinen Mördern noch vergibt, war für viele Christen, die sich als unannehmbar erfuhren, ein Weg, sich selbst anzunehmen. Das Bild des vergebenden Jesus am Kreuz hat sich in ihr Herz eingebildet und sie so befähigt, sich selbst anzunehmen und sich selbst zu vergeben.

Bei Kursen über die Vergebung höre ich immer wieder, dass Leute eher andern vergeben können als sich selbst. Sich selbst vergeben bedeutet, schmerzlich Abschied zu nehmen von der Illusion, dass ich immer mit einer weißen Weste herumlaufen könnte. Ich muss Abschied nehmen von zu großen Selbstbildern, als ob ich immer edel und gütig und freundlich und selbstbeherrscht wäre. Ich habe keine Garantie, dass ich nicht schuldig werde. Sich selbst vergeben heißt, sich aussöhnen mit der eigenen Brüchigkeit, mit der eigenen Menschlichkeit.

Irrwege der Vergangenheit

Wenn wir von der Überwindung des Bösen durch die Vergebung der Schuld sprechen, müssen wir uns vor manchen Irrwegen hüten, die in der Vergangenheit im Umgang mit der Schuld gegangen wurden. Früher dachte man, man müsse seine Schuld bereuen und dann zur Beichte gehen, um die Vergebung seiner Sünden zu erfahren.

Die Beichte ist sicher ein guter Weg, sich von seiner Schuld zu befreien. C. G. Jung meint, das Ritual der Beichte berühre die Tiefen des Unbewussten. In unserem Unbewussten ist ein innerer Widerstand gegenüber der Vergebung. Da gibt es den inneren Richter, das eigene Über-Ich, das uns einredet, unsere Schuld könne gar nicht vergeben werden. Wir sollten uns nicht einbilden, dass Gott alles vergibt. Das wäre zu einfach.

Dieser innere Richter führt uns oft dazu, dass wir manchmal in unseren Schuldgefühlen steckenbleiben oder aber ständig um unsere Reuegefühle kreisen. In unserer Reue machen wir uns ständig Vorwürfe, wir halten uns für die schlechtesten Menschen und ziehen uns immer mehr nach unten. Doch weder die Selbstvorwürfe noch eine zu starke Zerknirschung durch Reuegefühle helfen uns, von unserer Schuld loszukommen. Wenn wir uns aber im Ritus der Beichte die Vergebung Gottes durch die Worte des Priesters zusprechen lassen, wird der innere Richter in uns entmachtet, und wir können daran glauben, dass Gott uns wirklich vergibt.

Aber auch die Beichte kann missbraucht werden, wenn sie nicht mit einer ehrlichen Selbsterkenntnis und einem demütigen Hinabsteigen in die Tiefen der eigenen Seele verbunden ist. Ich möchte ein Beispiel erzählen: Ein Mann, der immer wieder Frauen sexuell eroberte, erzählte mir, dass er seit zehn Jahren nicht loskomme von diesem Verhalten. Als ich ihn nach den Ursachen in seiner Kindheit fragte, wie seine Mutterbeziehung war, wie weit seine Bedürfnisse nach Nähe und Zärtlichkeit erfüllt worden seien, schrie er mich an: »Sie sprechen gar nicht von Schuld!« Er wollte lieber, dass wir beide seine Schuld bedauern und voller Abscheu seine Schuld anschauen. Er wollte letztlich, dass ich ihn verurteile wegen seiner Schuld. Aber diese Verurteilung hätte ihn nicht befreit von seinem schuldhaften Verhalten. Ich sagte ihm: »Natürlich ist das, was Sie tun, Schuld. Sie verletzen immer wieder Frauen. Sie können nicht einhalten, was Sie ihnen versprechen. Sie benutzen Frauen für Ihre eigenen sexuellen Bedürfnisse. Aber die Frage ist, wie Sie von diesem Verhalten wegkommen.«

Als ich ihn fragte, wie er bisher darauf reagiert habe, erzählte er, dass er es immer wieder bereut habe. Er habe sich einige Tage schlecht gefühlt und dann gebeichtet. Aber das hat sein Verhalten nicht geändert.

Wir müssen in der Seelsorge an die Ursachen unseres schuldhaften Verhaltens kommen, um sie zu ändern. Nur zu bereuen und sich gute Vorsätze zu machen führt nicht weiter. Es braucht die Demut, die eigene Wahrheit und Bedürftigkeit anzuschauen und sich einzugestehen. Nur dann kann man Wege suchen, wie man von diesem Verhalten loskommt. Bei diesem Mann war das Bereuen und Sich-schlecht-Fühlen nur eine Verstärkung des schuldhaften Verhaltens und keine wirkliche Verwandlung seines krankhaften Triebes, der immer wieder Böses zeugte.

Wenn ich wirklich an die Vergebung Gottes glaube – die mir in der Beichte zugesprochen wird –, dann kann ich mir auch selbst vergeben. Aber ich kann mir nur dann selbst vergeben, wenn ich versuche, mich zu verstehen. Welche ungestillten Bedürfnisse lebe ich in meinem schuldhaften Verhalten aus? Warum komme ich nicht los von dem Bösen, das durch mich geschieht?

Es braucht die Demut, die eigene verwundete Seele, das Zu-kurz-gekommen-Sein, die frühkindlichen Kränkungen und die emotionalen Defizite anzuschauen und sie Gott hinzuhalten. Das kann durchaus in der Beichte geschehen. Aber dann wird die Beichte zu einem ehrlichen Gespräch über die eigene Ohnmacht, Bedürftigkeit, Brüchigkeit. Und dann kann die Zusage der Vergebung Gottes den Menschen aufrichten und ihm Kraft schenken, einen neuen Anfang zu wagen. Aber dieser neue Anfang ist nicht einfach ein Vorsatz, alles besser zu machen. Er führt vielmehr über ein ehrliches Sicheingestehen der eigenen Brüchigkeit und über ein realistisches Programm, wie ich mein Verhalten dauerhaft ändern kann.

Die Vergebung ist der christliche Weg schlechthin, vom Bösen frei zu werden. Das Böse hat die Tendenz in sich, uns zu beschuldigen, dass wir selbst schuld sind am Bösen. Und die Schuldgefühle festigen das Böse. Sie lösen das Böse nicht auf, sondern geben ihm gerade Macht. Gegen diese Macht setzt Jesus auf die Kraft der Vergebung. Die Vergebung befreit uns von der Verstrickung in das Böse. Böses erzeugt immerfort Böses. Dieser Teufelskreis muss durchbrochen werden. Ein Weg, den Teufelskreis zu durchbrechen, ist die Vergebung. Jesus selbst spricht uns die Vergebung zu. Aber wir sollten auch uns selbst und den Menschen in unserer Umgebung vergeben.

Allerdings sind wir nur deshalb fähig, uns selbst und einander zu vergeben, weil Gott uns zuvor vergeben hat. Schon das Alte Testament hat Gott als den bezeichnet, der die Sünde aus der Welt heraussträgt. »Jahwe ist ein barmherziger und gnädiger Gott, langmütig, reich an Huld und Treue: Er bewahrt Tausenden Huld, nimmt Schuld, Frevel und Sünde weg.« (Exodus 34,6 f.)

Auf bisher unerhörte Weise erscheint uns die vergebende Liebe Gottes in Jesus Christus. Von Jesus sagt Johannes der Täufer: »Seht, das Lamm Gottes, das die Sünde der Welt hinwegnimmt.« (Johannes 1,29) In Jesus wird die sündenwegtragende Liebe Gottes allen Menschen offenbar. Und am deutlichsten erscheint diese vergebende Liebe Gottes am Kreuz. Da hat Jesus all das Böse, das es in dieser Welt gibt, am eigenen Leib erfahren. Er wurde Opfer von Gewalt, von Feigheit, von politischer Intrige, von menschlichem Neid und Eifersucht, von Bosheit und Verleumdung. Aber Jesus hat auf das Böse nicht mit Hass reagiert, sondern er hat das Böse durch seine Liebe besiegt. Am Kreuz hat er uns bis zur Vollendung geliebt.

Klaus Berger hat das Bild gebraucht, dass Jesus am Kreuz gleichsam wie ein Schwamm das Böse der Welt in sich aufgenommen und durch seine Liebe verwandelt hat. Am Kreuz ist das Böse durch die Liebe Jesu besiegt worden. Johannes versteht das Kreuz als Vollendung der Liebe.

Jesus selbst sagt, dass er vom Kreuz herab alle an sich ziehen wird. (Johannes 12,32) Er wird die Menschen mit ihrer Schuld gleichsam umarmen, damit sie ihre Schuld nicht mit neuer Schuld zu bezahlen suchen, sondern darauf vertrauen können, dass die Schuld vergeben ist. Jesus selbst – so sagt es uns der Evangelist Lukas – betet am Kreuz noch für seine Mörder: »Vater, vergib ihnen, denn sie wissen nicht, was sie tun.« (Lukas 23,34) Wenn Jesus selbst seinen Mördern vergibt, dürfen wir vertrauen, dass Gott auch uns vergibt, obwohl wir uns schwertun, an die Vergebung Gottes zu glauben und uns selbst zu vergeben.

Das Gebetswort Jesu – »Vater vergib ihnen, denn sie wissen nicht, was sie tun« – kann eine gute Hilfe sein, andern zu vergeben. Ich muss dem andern nicht vergeben. Ich stelle mir den vor, der mich gekränkt hat. Und dann bete ich dieses Wort auf ihn zu: »Vater, vergib ihm, denn er wusste nicht, was er tat.«

Vielleicht wehrt sich in mir etwas: Der wusste genau, was er tat, er hat mich absichtlich verletzt. Ja, das kann sein, aber in der Tiefe wusste er nicht, was er mir an Schmerz zufügte. Und er wusste nicht, dass er einfach seine eigenen Verletzungen weitergegeben hat. So kann allmählich durch das Gebet meine Haltung dem andern gegenüber verwandelt werden. Mir hilft das Wort auch, mir selbst zu vergeben. Ich bete dann: Vater, vergib mir, denn ich wusste nicht, was ich tat. Dann höre ich auf, mir ständig Vorwürfe zu machen, dass ich damals auf eine bestimmte, schlechte Weise gehandelt habe.

Das Kreuz als Überwindung des Bösen

Die Bibel versteht das Kreuz als den Ort, an dem Jesus das Böse überwunden hat. Diese Überwindung des Bösen geschieht aber nicht nur in der Vergebung. Die Evangelien und die Briefliteratur des Neuen Testamentes zeigen uns verschiedene Deutungen, wie das Böse am Kreuz überwunden worden ist.

Das Markusevangelium z. B. zeigt uns den Kampf Jesu mit den Mächten der Finsternis, mit dem Bösen. Im ersten Teil des Evangeliums überwindet Jesus das Böse, indem er die Dämonen austreibt. Die Dämonen können ihm nicht widerstehen. Und Jesus wird in Galiläa als der erfolgreiche Prediger und Heiler gefeiert.

Doch im zweiten Teil des Evangeliums begibt sich Jesus in die Macht der Finsternis, um diese Macht der Finsternis durch sein Licht zu besiegen, um das Böse von innen her durch seine Liebe zu überwinden. Den Schrei Jesu am Kreuz versteht Markus als Siegesschrei über die Macht des Bösen: Die Macht des Teufels ist gebrochen. Und das Böse ist überwunden.

Lukas sieht im Kreuz Jesus als den wahrhaft gerechten Menschen, der sich auch durch die Ungerechtigkeit der Welt nicht aus seiner inneren Gerechtigkeit herausdrängen lässt. Indem wir auf diesen gerechten Menschen schauen, der mitten in der Feindseligkeit der Welt sein Leben vertrauensvoll in Gottes Hände fallen lässt, kommen wir mit unserer eigenen Gerechtigkeit in Berührung, mit dem göttlichen Kern in uns, und können verwandelt unseren Weg weitergehen.

So versteht es Lukas, wenn er schreibt: »Alle, die zu diesem Schauspiel herbeigeströmt waren und sahen, was sich ereignet hatte, schlugen sich an die Brust und gingen betroffen weg.« (Lukas 23,48) Durch Schauen werden wir verwandelt zu gerechten Menschen, die sich vom Bösen nicht mehr bestimmen lassen.

Paulus wiederum versteht die Überwindung des Bösen am Kreuz als Rechtfertigung des Sünders. Ihm geht es auch um die Gerechtigkeit. Aber es ist eine andere Gerechtigkeit, es ist das von Gott her »Gerechtgemachtwerden«.

Rechtfertigung bedeutet für Paulus Folgendes: Am Kreuz wurde die Macht der Sünde gebrochen. Und wir Sünder erfahren im Blick auf das Kreuz, dass Gottes Gnade uns annimmt. Am Kreuz ist die Sünde der Welt offenbar geworden. Aber dort wurde auch Gottes Gnade sichtbar. Und diese Gnade rechtfertigt uns Sünder. Wir müssen unsere Sünden nicht durch gerechtes Tun abarbeiten. Die Gnade Gottes, die am Kreuz sichtbar wird, nimmt uns bedingungslos an. Sie rechtfertigt uns.

Der Titusbrief versteht diese Gnade, die in Jesus Christus erschienen ist, als eine heilende, rettende (Titusbrief 3,4 f.) und zugleich erziehende Gnade. »Sie erzieht uns dazu, uns von der Gottlosigkeit und den irdischen Begierden loszusagen und besonnen, gerecht und fromm in dieser Welt zu leben, während wir auf die selige Erfüllung unserer Hoffnung warten: auf das Erscheinen der Herrlichkeit unseres großen Gottes und Retters Christus Jesus.« (Titusbrief 2,12 f.)

Das Böse soll also durch uns selbst überwunden werden. Aber wir haben in Jesus Christus den großen Pädagogen an unserer Seite, der uns dazu erzieht, in dieser Welt des Bösen ein anderes Leben zu leben. Er hat uns diese andere Möglichkeit des Lebens vorgelebt. In seiner Gnade vermögen auch wir, uns frei zu machen von der Gottlosigkeit und den irdischen Begierden, von all dem Bösen, das uns in dieser Welt anficht.

Für den zweiten Petrusbrief ist die Bedingung, dass wir der verderblichen Begierde der Welt entfliehen können, unsere Anteilnahme an der göttlichen Natur (2 Petrus 1,4). Durch Jesus Christus haben wir Anteil an seiner göttlichen Natur, an seiner göttlichen Kraft. So ist auch in uns die Macht, das Böse zu überwinden.

Der erste Petrusbrief sieht die Überwindung des Bösen in Jesus Christus in einem anderen Bild: »Ihr wisst, dass ihr aus eurer sinnlosen, von den Vätern ererbten Lebensweise nicht um einen vergänglichen Preis losgekauft wurdet, nicht um Silber und Gold, sondern mit dem kostbaren Blut Christi, des Lammes ohne Fehl und Makel.« (1 Petrus 1,18f.) Das Böse erscheint hier als »sinnlose, von den Vätern ererbte Lebensweise«. Es drückt sich aus in den alten Lebensmustern. Unbewusst haben wir von unseren Vätern, unseren Vorfahren, böse Verhaltensweisen übernommen, Rachegefühle, Eifersucht, Neid, Hass. Wir leben nicht selbst, sondern werden gelebt durch die Muster, die sich in der Vergangenheit in unsere Seele eingeprägt haben.

Aber diese Lebensweise, die wir übernommen haben, ist sinnlos. Sie ist nur Schein. Diesen Schein sollen wir durchschauen und zur Wirklichkeit vorstoßen. Das ist ein ähnlicher Ausdruck, wie ihn der Buddhismus kennt, wenn er alles Äußere, das uns bestimmt, als Schein, als »maja« bezeichnet. Jesus öffnet uns die Augen, damit wir den Schein durchschauen und die Wahrheit erkennen können. Und er hat uns losgekauft aus dieser ererbten Lebensweise. Mit diesem Bild möchte der erste Petrusbrief ausdrücken, dass die Liebe Jesu uns befreit von den alten Lebensmustern. Das kostbare Blut, von dem der Brief schreibt, steht für diese Liebe, die unsere krank machenden und immer wieder Böses zeugenden Lebensmuster auflöst.

Vergebung ist ein wichtiger Weg, das Böse zu überwinden. Albert Görres nennt noch eine andere Methode, um das Böse langsam aufzulösen. Er bezeichnet diese Methode als »Tunnelprinzip«. Er versteht darunter den Weg, den Patienten mit seinen negativen Kindheitserfahrungen zu konfrontieren und durch sie hindurchzugehen, gleichsam wie durch einen Tunnel, bis das Licht aufleuchtet. Er schreibt: »Es wird wieder hell, wenn man mutig in die tiefste Finsternis hineingeht. So geht es auch oft mit depressiv suizidalen Patienten. Die Versuchung zum Bösen des Selbstmords, die Wendung des Hasses gegen sich selbst kann schwinden, wenn die darunter verborgene Wut gegen die vielen Quäler der Vergangenheit herauskommt, zu denen der Kranke unbewusst auch den quälenden Gott rechnet; wenn der Schmerz über die erlittene Qual, wenn die Rachsucht durchlitten sind und das milde Licht des Verzeihens aufgehen kann. Dies ist zum Glück keineswegs der einzig mögliche, aber *auch* ein Weg zur Bewältigung des Bösen.« (Görres 140f.)

Was Albert Görres von der Psychotherapie sagt, gilt in ähnlicher Weise auch für die Seelsorge. Seelsorge kann sich nicht damit begnügen, den Menschen nur die Gebote Gottes vor Augen zu halten. Ein moralisierendes Aufzeigen des »Gesollten« hilft oft nicht, das, was für uns gut ist, auch zu tun. Auch in der Seelsorge müssen die Ursachen des Bösen aufgedeckt werden. Das ist für spirituelle Menschen manchmal schwierig. Sie möchten lieber sich sofort auf spirituelle Höhenflüge begeben, als in die Tiefen ihrer

Seele hinabzusteigen und dort all den Unrat anzuschauen, der sich darin angesammelt hat.

Aber allzu leicht kann dann der spirituelle Höhenflug in einem Absturz enden, wie es im griechischen Mythos von Ikarus beschrieben wird. Die frühen Mönche haben daher Seelsorge immer so verstanden, dass alle Leidenschaften angeschaut werden. Und die Kunst des geistlichen Lebens besteht darin, mit diesen Leidenschaften so umzugehen, dass wir ihre Kraft für uns nutzen können, ohne durch ihre destruktiven Tendenzen Schaden zu erleiden.

Auch in der Seelsorge gibt es das »Tunnelprinzip«. Der Seelsorger steigt mit dem Klienten in das dunkle Chaos seiner Seele, in das Chaos des angestauten Hasses, der vergiftenden Bitterkeit und des galligen Grolls hinab, um darunter die Sehnsucht nach anderen Gefühlen – wie Milde, Mitleid und Liebe – zu entdecken.

Ein Väterspruch verdeutlicht, was Görres als Tunnelprinzip versteht. Da heißt es: »Ein Altvater sprach: Der Teufel ist der Feind, du aber bist das Haus. Der Feind hört nicht auf, was er nur immer Schmutziges findet, nach dir zu werfen, und er schüttet alle Unreinheit über dich aus. Deine Sache ist es, alles, was er auf dich geworfen hat, wieder hinauszuwerfen. Wenn du es jedoch vernachlässigst, so wird dein Haus mit Unrat angefüllt, so dass du nicht mehr hineingehen kannst. Schon gleich zu Anfang musst du alles, was er hereingeworfen hat, allmählich wegschaffen, dann wird dein Haus mit der Gnade Christi rein bleiben.« (Apo 1238)

Geistliches Leben heißt also, den ganzen Dreck, den der Teufel ständig in unser Haus wirft, wieder hinauszuwerfen. Das ist im wahrsten Sinne des Wortes eine Drecksarbeit. Da macht man sich die Finger schmutzig. Ich kann mich nicht immer nur in spirituellen Höhenflügen aufhalten. Ich muss hineingehen in mein Haus, das voller Dreck ist. Nur dann kann ich den Dreck hinauswerfen und so offen werden für die Gnade Christi.

Die Seelsorge kann vom therapeutischen »Tunnelprinzip« lernen. Das geschieht heute oft schon in der geistlichen Begleitung. Da wird der Mensch mit seiner eigenen Wahrheit konfrontiert. Letztlich ist es ein Weg der Demut. Die Mönche sagen: Durch Hinabsteigen in die Tiefen der eigenen Seele steigen wir auf zu Gott. Wenn eine Seelsorge nur an den Symptomen arbeitet und zu guten Vorsätzen gegen die negativen Symptome rät, wird sie den Menschen nicht weiterführen. Es wird ein ständiges Hin und Her zwischen Schuldigwerden, Bereuen und wieder von neuem Schuldigwerden. Das Bereuen schafft im Menschen ein schlechtes Gewissen. Aber das schlechte Gewissen schwächt den Menschen, statt ihn zu einem neuen, ganz anderen Handeln herauszufordern.

Natürlich kann auch eine Seelsorge, die das Tunnelprinzip der Therapie verwendet und den Menschen in seine Wahrheit führt, nicht verhindern, dass er immer wieder Fehler macht und auch schuldig wird. Aber der Weg durch die Dunkelheiten der eigenen Seele wird manche Quelle des Bösen zum Versiegen bringen.

Der Weg der Demut führt durch das Chaos meiner Gefühle, durch meinen Ärger, meine Angst, meinen Groll, meine Eifersucht, meine Schuld hindurch in den Grund der Seele, in dem Gott selbst in mir wohnt. Viele möchten auf ihrem spirituellen Weg gerne die mystische Erfahrung des inneren Raums der Stille machen. Und am liebsten möchten sie diese schöne spirituelle Erfahrung an ihren Dunkelheiten und Brüchigkeiten *vorbei*machen.

Doch der Weg in den Raum der Stille, in den »Ort Gottes« in der menschlichen Seele, führt durch die eigene Wahrheit hindurch. Manche möchten lieber eine spirituelle Abkürzung gehen – »spiritual bypassing« –, um in den inneren Grund zu gelangen. Doch das ist kein geeigneter Weg. Schließlich hat die Seelsorge das Ziel, die ganze Seele kennenzulernen, die Seele mit ihren Abgründen und den Grund der Seele, der rein ist und klar.

Die Verwandlung des Bösen

Die Überwindung des Bösen, wie sie die frühen Mönche und die christliche Tradition aufgezeigt haben, würde ich gerne mit dem biblischen Wort der Verwandlung beschreiben. Es geht nicht um Besiegen des Bösen, und auch nicht um Veränderung, sondern um die Verwandlung. Verwandlung ist sanfter als Veränderung. Heute werden viele Wege angeboten – sowohl in der Esoterik als auch in der Psychoszene –, wie wir uns verändern können. Doch im Wort »Verändern« steckt Aggression: Ich bin so, wie ich bin, nicht gut. Ich muss alles anders machen, ich muss mich zu einem anderen Menschen machen. Ich muss mich verändern.

Oft wird das Verändern dann zu einem Wüten gegen sich selbst, weil man nicht zufrieden ist mit dem bisher Erreichten. Man merkt, dass man bei allem Verändern doch immer der oder die Gleiche bleibt. Doch wenn das Verändern mit einem Wüten gegen mich selbst verbunden ist, führt es mich nicht weiter. Denn je mehr ich gegen mich wüte und kämpfe, desto größer wird die Gegenkraft, die sich in mir dagegen wehrt.

Der christliche Weg der Verwandlung ist sanfter und wohlwollender, aber auf Dauer wirksamer als der Weg der Veränderung. Verwandlung besagt, dass alles in mir sein darf. Aber das Eigentliche ist noch nicht sichtbar geworden in dem, was ich bin. Mein ursprüngliches einmaliges Bild, das Gott sich von mir gemacht hat, möchte durch das, was in mir ist, hindurchscheinen und aufleuchten.

Das ist das Ziel der Verwandlung. Verwandelt werden kann nur das, was ich anschaue und Gott hinhalte oder was ich einem Menschen hinhalte. Daher haben die Mönche sich mit dem Bösen, mit den Dämonen, vertraut gemacht. Und sie haben mit Gott darüber gesprochen und all ihre Leidenschaften Gott hingehalten, damit Gott sie verwandle. Die unterdrückten Leidenschaften verwandeln sich in Böses. Es kommt darauf an, das Böse wieder in Gutes zu verwandeln. Das bedeutet aber: Wir dürfen mit dem Bösen in uns nicht kriegerisch umgehen. Sonst wecken wir eine Gegenkraft des Bösen, der wir nicht gewachsen sind. Wir müssen mit dem Bösen ein Gespräch führen, um ihm seine Macht zu nehmen.

Es gibt nach C. G. Jung Böses, das wir in unser Leben integrieren sollen. Mit diesem Bösen sollen wir sprechen und es befragen, was hinter dem Bösen steckt an Sehnsucht nach dem Guten. Es gibt aber auch Böses, das sich nicht integrieren lässt. Es muss aus uns hinausgeworfen werden. C. G. Jung unterscheidet einen Seelenkomplex und einen

Geistkomplex. Der Seelenkomplex entsteht durch Verdrängung von Inhalten, die aus moralischen Gründen vom Mitleben ausgeschlossen wurden. Das nennt Jung den Schatten. Und der Schatten muss integriert werden.

Der Seelenkomplex kann sich wandeln, indem ich die verdrängten Seiten in mir anschaue und sie mit ihren berechtigten Wünschen berücksichtige. Der Geistkomplex jedoch kann nicht integriert werden. Er entsteht, wenn aus dem kollektiven Unbewussten bestimmte Inhalte ins Bewusstsein einbrechen. Der Geistkomplex muss nach Jung aus dem Bereich des Subjektes vertrieben werden. Sonst würde er das Ich völlig zerstören. Der Mensch hätte nichts mehr, mit dem er auf das Böse reagieren könnte. Er würde von ihm aufgefressen.

Die christliche Tradition hat diese beiden Wege, mit dem Bösen umzugehen, in der Gestalt der hl. Margareta und des hl. Georg dargestellt. Die hl. Margareta zähmt den Drachen und spielt mit ihm. Der hl. Georg tötet ihn. Beides sind legitime Weisen, mit dem Bösen umzugehen. Der Weg der hl. Margareta geht über die Verwandlung des Bösen. Der böse Drache, der Margareta verschlingen will, wandelt sich in einen treuen Gefährten. Margareta kann auf ihm reiten und erweitert so ihren eigenen Horizont. Sie hat in dem Drachen eine Kraft zur Verfügung, die ihr bisher gefehlt hat. Der Weg des hl. Georg ist die Vernichtung des Bösen. Manches Böse kann nur getötet werden, damit wir frei von ihm werden.

Ein Beispiel mag das verdeutlichen. Ein junger Mann wurde von depressiven und suizidalen Gedanken geplagt, nachdem seine Freundin sich von ihm getrennt hatte. Auf einmal wurde ihm bewusst, was sein Namenspatron mit dem Drachen angefangen hatte. Und so stieg in ihm der laute Ruf hoch: »Im Namen des hl. Georg: Raus!« Die depressiven Gedanken kreisten in seinem Kopf Tag und Nacht. Es hat keinen Zweck, diese depressiven Gedanken und Gefühle zu analysieren. Sonst wäre der junge Mann nur noch mehr in den Strudel der Depression hineingezogen worden. Aber seine Seele wusste auf einmal, was für ihn gut wäre: all das hinauszuwerfen, was ihn da so besetzt hält. Es braucht die Kraft der Aggression, um sich von dem Bösen zu distanzieren, das sich nicht integrieren ließ.

Das Böse kann nur verwandeln, wer sich ihm stellt und wer bereit ist, es anzuschauen und zu analysieren. Rollo May, ein amerikanischer Therapeut, spricht von den Gefahren der Unschuld, die so tut, als ob sie das Böse überhaupt nicht kenne. Diese Leute meinen, sie seien so vom Geist Jesu durchdrungen, dass sie nur gut seien. Doch das ist naiv. Das Gute gilt es nicht abseits des Bösen zu verwirklichen, sondern nur trotz des Bösen.

Wenn wir uns mit dem Bösen anfreunden, heißt das nicht, dass wir vor ihm kapitulieren. Wir reden vielmehr mit ihm, um das in uns zu integrieren, was integrierbar ist, und uns vom anderen klar zu distanzieren. Auf diese Weise verliert das Böse seine aggressive und maßlose Seite. Der Weg der Verwandlung des Bösen geht über die Liebe und über die Bereitschaft, mit dem Bösen zu verhandeln, mit ihm ins Gespräch zu kommen.

Wofür steht das Böse? Steckt darin nicht eine Sehnsucht nach Leben, nach Lust am Leben, nach Macht, nach Freiheit, nach Grenzüberschreitung? Wie kann ich das Verdrängte, das sich ins Böse hinein verwandelt hat, das zur

Lebensverneinung geworden ist, wieder ins Gute verwandeln, in Lebensbejahung?

Eine Überwindung des Bösen, die von der Therapie ausgeht, aber auch die Spiritualität mit einschließt, zeigt uns Liliane Frey-Rohn, eine der engsten Mitarbeiterinnen von C. G. Jung. Für sie ist die zentrale Frage menschlicher Selbstwerdung, wie wir das Böse in das Gute verwandeln können. Einen Bogen um das Böse zu machen führt nicht weiter, genauso wenig wie jene Identifizierung mit dem Bösen, die Friedrich Nietzsche propagiert. Denn »zu viel Moral macht das Böse im Innern stärker und zu wenig Moral treibt einen Keil zwischen Gut und Böse«. (Frey-Rohn 243)

Der Weg zur Überwindung des Bösen geht einmal über das Hören auf das Unbewusste. Dort mache ich mich mit dem Bösen vertraut. Aber dann braucht es auch die Transzendierung von Gut und Böse. Und das ist letztlich der spirituelle Weg. Der Mensch muss die Identifizierung mit dem Guten und dem Bösen aufgeben. Die Identifizierung mit dem Guten, die viele geistliche Autoren propagieren, birgt die Gefahr in sich, sich über die andern zu stellen, und verstärkt den eigenen Schatten, in dem sich das Böse einnisten kann. Durch die Identifizierung mit dem Guten schleicht sich das Böse gleichsam durch die Hintertür der Selbstgerechtigkeit wieder ein und wirkt destruktiv auf den Menschen.

Die Identifizierung mit dem Guten führt oft auch zu einer moralisierenden Haltung. Denn trotz aller Identifizierung mit dem Guten bin ich doch ständig auf das Böse fixiert. Das Böse ist das, was mich in Frage stellt, was ich durch die Identifizierung mühsam von mir abzuhalten versuche. Nur durch Transzendierung des Bösen *und* des Guten können wir auf eine höhere Ebene gelangen, auf der der Widerspruch zwischen Gut und Böse nicht mehr gegeben ist. Wir werden von etwas Größerem ergriffen: von Gott selbst.

Jenseits von Gut und Böse können wir eins werden mit Gott, der uns befreit von dem Hin- und Hergezerrtwerden zwischen den beiden Polen von Gut und Böse. Durch die Transzendierung von Gut und Böse verliert das Gute ein wenig von seinem Gutsein und das Böse von seinem Bösesein. Der Widersacher scheint verwandelt zu sein. Er verliert seine Macht über uns, weil wir uns mit ihm vertraut gemacht haben, ohne uns von ihm beherrschen zu lassen. Und unsere Persönlichkeit wird verwandelt. Sie gelangt von der äußeren Korrektheit zu ihrem Zentrum, zum Selbst, zu dem einmaligen Bild Gottes in ihr.

Dieses Bild ist jenseits von Gut und Böse. Es ist das ursprüngliche und unverfälschte Bild Gottes. Auf dem Grund der Seele kommen wir in Berührung mit diesem wahren Selbst. Dort hat das Böse keine Macht. Aber wir müssen uns auch nicht krampfhaft am Guten festklammern. Wir sind in Berührung mit dem reinen Sein. Und dieses reine Sein ist gut. Wenn wir ursprünglich sind, dann handeln wir auch authentisch. Dann hat das Böse keine Chance, über uns zu herrschen.

Der spirituelle oder auch der mystische Weg führt also nicht am Bösen vorbei. Wir nehmen das Böse ernst. Wir wissen um seine zerstörerische Macht, und wir wissen um die Tücken des Bösen, das uns umgarnen möchte. Diese Tücken des Bösen hat C. S. Lewis in seinem klassischen Buch *Dienstanweisung für einen Unterteufel* humorvoll beschrieben. Der spirituelle Weg kennt das Böse mit all seinen Tricks und befreit uns von der Angst vor dem Bösen.

Diese Angstfreiheit beobachten wir ja auch bei den frühen Mönchen. Sie verspotten die Dämonen. So verhöhnt der große Antonius die Dämonen, die einen Höllenlärm in seiner Zelle erzeugten und die mit grausamen Grimassen ihm Angst zu machen versuchten: »Hier bin ich wieder, Antonius: Ich fürchte eure Schläge nicht. Wenn ihr (die Dämonen) mich auch noch ärger quält, nichts wird mich trennen von der Liebe zu Christus.« Der Glaube lässt uns den Blick vom Bösen weglenken in den inneren Raum der Stille, in dem Christus in uns wohnt, in dem das Reich Gottes in uns herrscht. Dort, wo das Reich Gottes in uns herrscht, hat das Böse keine Macht über uns.

Es gibt in manchen christlichen Kreisen eine Fixierung auf das Böse. Man spricht ständig von Besessenheit, vom Teufel, der umhergeht. Natürlich mahnt uns der erste Petrusbrief vor dem Teufel, der umherschleicht, um uns zu verschlingen: »Seid nüchtern und wachsam! Euer Widersacher, der Teufel, geht wie ein brüllender Löwe umher und sucht, wen er verschlingen kann. Leistet ihm Widerstand in der Kraft des Glaubens!« (1 Petrus 5,8 f.) Aber er ruft uns eben nicht zur Angst vor dem Teufel auf, sondern zur Wachsamkeit und – vor allem – zur Nüchternheit. Wir sollen *nüchtern* die Schliche des Bösen bedenken. Wir sollen mit dem Bösen rechnen. Aber wir sollen ihm Widerstand leisten in der Kraft des Glaubens. Im Glauben sollen wir das Böse transzendieren, es übersteigen auf Gott hin und auf den inneren Raum hin, in dem Gott in uns wohnt. Auf jenen Raum hin, in dem das Böse machtlos wird.

Wie dieses Transzendieren geht, zeigt uns ein Apophthegma von Abbas Poimen: »Ein Bruder wandte sich an den Abbas Poimen: Sage mir ein Wort! Und er sprach zu ihm: Wenn der Kessel über dem Feuer ist, kann ihn keine Fliege berühren und auch kein anderes Kriechtier. Wenn er aber erkaltet ist, dann setzen sie sich darauf. So auch der Mönch: Solange er in geistlichen Übungen verharrt, findet der Feind keine Möglichkeit, ihn zu stürzen.« (Apo 685) Wenn wir unsere Aufmerksamkeit nicht auf das Böse richten, sondern auf das Gebet, dann hat das Böse keine Chance, sich auf unseren Kessel zu setzen. Es hat keinen Zutritt zu unserem Herzen. Daher ist das Böse für die Mönche eine Herausforderung, im immerwährenden Gebet zu bleiben, nicht aus Angst, sondern aus Faszination über die heilende Nähe Gottes. Das Gebet hält unseren Kessel warm und schützt uns so vor dem Bösen.

Die Fixierung mancher Christen auf das Böse, das ständige Reden vom Teufel, der uns angreift, weist oft auf die Angst vor dem Teufel in der eigenen Seele hin. Man ist nicht vertraut mit den Leidenschaften und dem Bösen in der eigenen Seele. Deshalb muss man den Teufel nach außen projizieren und sieht ihn in allen Situationen am Werk, in denen Böses geschieht.

Wir sollen den Teufel aber weder verharmlosen noch uns auf ihn fixieren. Beide Verhaltensweisen sind Ausdruck der Angst vor dem Bösen. Weil man die Dunkelheit der eigenen Seele nicht kennt und sie nicht anschauen möchte, spricht man ständig vom Teufel. Doch das ist kein heilsames Sprechen, sondern ein Angst machendes Reden. Wenn ich das Böse transzendiere auf Gott hin, verliert es seinen Schrecken für mich. Ich kann ohne Angst mit dem

Bösen umgehen, das ich in mir selbst entdecke und das mir von außen begegnet. Durch das Überschreiten des Bösen auf Gott hin und auf seine Barmherzigkeit hin wird das Böse relativiert. Und ich darf immer wieder die Erfahrung machen, dass sich das Böse verwandelt: in einen Ansporn, mich vom guten Geist Gottes durchdringen zu lassen.

Der Weg der Feindesliebe

Jesus zeigt uns in seiner Botschaft von der Feindesliebe einen wichtigen Weg, vom Bösen zum Guten zu kommen und das Böse zu überwinden. Doch was meint Jesus mit seinem Gebot der Feindesliebe? Er will uns damit nicht überfordern, sondern einen konkreten Weg zeigen, das Böse, das uns im Feind begegnet, zu überwinden.

Feindschaft entsteht immer aus Projektion. Jemand ist mit sich nicht im Frieden. Das, was er bei sich selbst ablehnt, das bekämpft er in mir. Meine normale Reaktion ist: Das ist unverschämt, wie der mich behandelt. Und dann reagiere ich genauso hasserfüllt. Ich lasse mir vom andern die Feindschaft aufdrängen.

Den Feind lieben heißt nicht, dass ich den Feind gewähren lasse, alles Böse zu tun, was in ihm steckt. Denn dann könnte sich das Böse unbeschränkt ausbreiten. Feindesliebe heißt vielmehr, den Kreislauf des Bösen zu durchbrechen, indem ich den vermeintlichen Feind mit anderen Augen anschaue. Ich sehe in ihm den, der in sich zerrissen ist, der der Liebe bedarf, um ganz und heil zu werden, um sich selbst annehmen zu können.

Wenn ich den Feind mit anderen Augen ansehe, dann ist er nicht mehr mein Feind, sondern einfach ein Mensch, der liebesbedürftig ist, der sich nach innerem Frieden sehnt, der sich danach sehnt, von mir angenommen zu werden, obwohl er sich selbst als unannehmbar erfährt. Wenn ich ihn so sehe, kann ich ihn anders behandeln. Dann kann ich in ihm den Zwang zum Bösen zerbrechen.

Die Frage ist, wie die Feindesliebe gelingen kann. Matthäus begründet die Feindesliebe mit dem Verhalten Gottes: Wir sollen an der Vollkommenheit, an der Ganzheit Gottes teilhaben. Gott lässt »seine Sonne aufgehen über Bösen und Guten, und er lässt regnen über Gerechte und Ungerechte«. (Matthäus 5,45) Für Gott gelten unsere Einteilungen in gute und böse Menschen nicht. Er gewährt allen seine Wohltaten, im Vertrauen darauf, dass alle in sich die Möglichkeiten haben, diese Wohltaten wahrzunehmen und sich dankbar zu Gott zu bekehren.

Alle nehmen die Schönheit Gottes in seiner Schöpfung wahr. So besteht in jedem die Möglichkeit, sich an dieser Schönheit zu erfreuen und darin Gottes Glanz zu erkennen. Gott zeigt Geduld gegenüber den Menschen. Wenn wir diese Geduld Gottes nachahmen, wenn wir wie er die Sonne unseres Wohlwollens über Guten und Bösen scheinen lassen und den Regen unserer Zuwendung den Gerechten und Ungerechten erweisen, können auch wir erleben, dass sich die Feindschaft auflöst und wir gemeinsam Gottes Herrlichkeit bestaunen.

Lukas hat die Worte Jesu von der Feindesliebe anders interpretiert. Für ihn drückt sich die Feindesliebe in drei Verhaltensweisen aus.

Die erste: »Tut denen Gutes, die euch hassen.« (Lukas 6,27) Indem ich dem, der mich hasst, Gutes tue, kann ich seinen Hass langsam auflösen. Der Apostel Paulus hat diese Stelle erläutert mit einem Zitat aus dem Buch der Sprichwörter: »Wenn dein Feind Hunger hat, gib ihm zu essen, wenn er Durst hat, gib ihm zu trinken; tust du das, dann sammelst du glühende Kohlen auf sein Haupt.« (Römerbrief 12,20; der Hinweis bezieht sich auf Sprichwörter 25,21 f.)

Mit dem Bild der feurigen Kohlen meint das Sprichwort wohl Folgendes: Wenn ich dem Feind Gutes tue, dann kann er nicht mehr weiter so denken wie bisher. Die glühenden Kohlen verbrennen sein bisheriges Denken und fordern ihn heraus, auf neue Weise zu denken. Er kann keine hasserfüllten eisigen Gedanken mehr haben, sondern muss wärmende Gedanken entwickeln. Wärmende Gedanken sind Gedanken der Liebe. Durch mein Tun verwandle ich seine Gedanken und befreie ihn von seinen bösen Gedanken.

Die zweite Ausdrucksweise der Feindesliebe ist: »Segnet die, die euch verfluchen.« (Lukas 6,28) Der Segen verwandelt mich selbst. Ich bleibe nicht in der Opferrolle. Ich werde aktiv und sende dem, der schlecht über mich redet, eine gute Energie zu, gute und wohlwollende Gedanken, Gottes Segen. Gottes Segen möge das Böse in ihm verwandeln und ihn in Frieden mit sich selbst bringen.

Der Segen verwandelt aber auch mich selbst, er verändert meine eigene Sichtweise. Der andere ist nicht mehr mein Feind, sondern ein gesegneter Mensch. So kann ich ihm anders begegnen. In Kursen lade ich die Teilnehmer manchmal dazu ein, sich zwei oder drei Menschen vorzustellen, mit denen sie sich schwertun. Und dann sollen sie den Segen Gottes zu diesen Menschen strömen lassen. Die Teilnehmer berichten, dass ihnen diese Übung gutgetan hat. Sie kreisten nicht mehr um die eigene Verletzung. Denn solange sie um die Verletzung kreisen, geben sie dem Verletzer Macht über sich. Und sie erlebten den Segen als Schutzschild für sich selbst. Die Verletzung des andern prallte an diesem Schild ab. Und sie fühlten sich dem gesegneten Feind gegenüber wohler. Wenn sie sich vorstellten, diesem Menschen zu begegnen, löste sich alle Verkrampfung. Sie konnten lockerer auf ihn zugehen.

Die dritte Ausdrucksweise: »Betet für die, die euch misshandeln.« (Lukas 6,28) Wenn ich für den andern bete, der mich misshandelt, dann übergebe ich ihn Gott. Gott möge seine schützende Hand über ihn halten. Gott möge ihn mit seinem Geist durchdringen, damit der Ungeist aus ihm herausgetrieben werde. Und das Gebet für den andern soll ihm helfen, ganz der zu werden, der er von Gott her ist.

Das Gebet für den andern verwandelt zuerst mich. Ich sehe ihn mit andern Augen. In mir wächst die Hoffnung, dass er mit seinem wahren Selbst in Berührung kommt und dass sich so das Böse in ihm auflöst. Das Gebet soll aber wirklich ein Gebet *für* den andern sein. Manchmal sind unsere Gebete eher ein Beten *gegen* den andern. Wir beten, dass er endlich vernünftig wird, dass er einsehen möge, dass wir recht haben. Beten heißt: ihm das wünschen, wonach seine Seele sich sehnt, was ihm wirklich guttut.

Diese drei Ausdrucksweisen der Feindesliebe erfüllen das, was Paulus in dem Satz zusammenfasst: »Lass dich nicht vom Bösen besiegen, sondern besiege das Böse durch das

Gute!« (Römerbrief 12,21) Das Böse hat Macht. Das erleben wir immer wieder in der Welt. Aber Paulus vertraut darauf, dass das Gute mächtiger ist, dass wir das Böse durch das Gute besiegen können. Die Welt vermittelt uns eher das Gegenteil: Schlechte Nachrichten werden mehr gelesen als gute. Das Böse ist sichtbarer als das Gute. Aber Paulus ist überzeugt, dass sich das Gute durchsetzen kann. Und mit Paulus waren das alle Heiligen. Sie sind in ihrem Leben durchaus dem Bösen begegnet: dem Bösen im eigenen Herzen und bösen Menschen, die sie verwundet, gefoltert, getötet haben. Aber sie haben dem Guten getraut, und das Gute hat sich durchgesetzt, selbst wenn die Bösen nach außen hin über sie Macht hatten.

In der christlichen Tradition sagt man: »Das Blut der Märtyrer ist der Same neuer Christen.« Dort, wo Menschen unter der Macht des Bösen ihr Leben gelassen haben, ist christliches Leben oft in neuer Weise aufgeblüht.

Die Überwindung des Bösen durch das Gute geschieht immer wieder auch in unserem Alltag. Wenn wir dem Bösen etwas Gutes entgegensetzen, dann wird es zumindest geschwächt. Die Schwester, die dem Bruder, der sie bekämpft, trotzdem an Weihnachten und an seinem Geburtstag eine Karte schickt, in der sie ihm alles Gute wünscht, darf hoffen, dass irgendwann einmal die Mauer des Bösen durchbrochen wird. Vielleicht hat sie jahrelang das Gefühl, dass es keinen Sinn hat, eine Karte zu schreiben. Der Bruder ist völlig verbohrt in seinem Hass auf die Geschwister. Aber wenn die Schwester ihn nicht aufgibt und sich von seiner Bosheit nicht verbittern lässt, dann wird irgendwann einmal das vereiste Herz des Bruders zu schmelzen beginnen. Zumindest sollten wir nie die Hoffnung aufgeben, dass das

Böse überwunden wird. Wir sollten weiterhin beten, dass der Bruder irgendwann Frieden in seinem Herzen findet und der Sehnsucht nach einer guten Beziehung zu seinen Geschwistern nachgibt.

Aber es braucht viel Geduld und es braucht die Hoffnung, die warten kann, bis das Böse überwunden wird. Von dieser Hoffnung sagt Paulus: »Hoffnung, die man schon erfüllt sieht, ist keine Hoffnung. Wie kann man auf etwas hoffen, das man sieht? Hoffen wir aber auf das, was wir nicht sehen, dann harren wir aus in Geduld.« (Römerbrief 8,24 f.)

Die Zehn Gebote

Das Gute muss praktiziert werden. Die christliche Ethik hat aus der biblischen Botschaft die Grundsätze entwickelt, die das Gute in uns schützen gegenüber dem Bösen und die das Gute so stärken, dass es sich gegenüber dem Bösen in der Welt durchsetzen kann. Die Grundlage der christlichen Ethik sind die Zehn Gebote, die Gott durch Mose dem Volk Israel verkünden ließ. Sie sind gleichsam eine Prävention gegen das Böse. Sie zeigen Wege auf, wie wir dem Bösen wehren können, das sich immer wieder in das Verhalten der Menschen einschleichen will und kann.

Für Israel waren die Zehn Gebote Wege in die Freiheit. Ägypten wurde für Israel zum Symbol von Entfremdung und Gefangenschaft und auch für die Herrschaft des Bösen. Gott hat sein Volk herausgeführt aus Ägypten und es in die Freiheit geführt. Die Zehn Gebote wollen diese Freiheit schützen. Israel hat Gott immer wieder für die

Weisheit gepriesen, die er ihnen in den Geboten geschenkt hat. Die Gebote empfand das Volk Israel als Auszeichnung, nicht als Last. Im Psalm 119 meditiert ein Frommer die Weisheit und Wohltat der Gebote. Er betet: »Wären doch meine Schritte fest darauf gerichtet, deinen Gesetzen zu folgen! Dann werde ich niemals scheitern, wenn ich auf all deine Gebote schaue.« (Psalm 119,5 f.)

Die Israeliten verbinden schon von der Sprache her »Thora« nicht mit der Vorstellung enger Gesetze und Gebote. »Thora« bedeutet Weisung, Wegweisung eines gütigen Gottes, der nicht will, dass die Menschen sich im Gestrüpp des Lebens verlaufen. Thora bedeutet die Unterweisung, die der Lehrer dem Schüler gibt, der Meister dem Lehrling und die Mutter dem Kind. Sinn der Unterweisung ist, dass uns das Leben und der Beruf gelingen. Martin Buber hat daher in seiner Bibelübersetzung die ersten fünf Bücher der Bibel »Fünf Bücher der Weisung« genannt. Thora meint den Wegweiser, der uns zeigt, auf welchem Weg wir ans Ziel gelangen und welcher Weg für uns der beste ist, damit unser Leben gelingt.

Das Böse ist ja auch das, was uns am Leben hindert. Die Zehn Gebote sind Wege, wie das Leben gelingt. Dabei geht es in den ersten drei Geboten um die richtige Beziehung zu Gott. Das Böse kann sich auch der Religion bemächtigen, so dass im Namen Gottes getötet und gemordet wird. Daher ist die richtige Beziehung zu Gott die Voraussetzung, dass viel Böses verhindert wird. Wir erfahren ja gerade in unserer Zeit, dass im Namen der Religion Kriege geführt und Terrorakte verübt werden. Da wird das Böse im Namen Gottes getan.

Die anderen sieben Gebote beziehen sich auf die richtige Beziehung zu den Mitmenschen. Auch hier geschieht viel Böses durch Gewalt, durch Grenzüberschreitung, durch Lüge und durch Stehlen. Ich nehme mir das, was mir nicht zusteht. Indem die Zehn Gebote als Leitlinie für unser Verhalten gelernt und eingeübt werden, wird viel Böses verhindert.

Die Zehn Gebote wurden im Lauf der Kirchengeschichte immer wieder konkretisiert. Die christliche Moraltheologie hat auf dem Hintergrund der Zehn Gebote und der Lehre Jesu Grundsätze aufgestellt, die das Leben in der jeweiligen Zeit regeln und schützen möchten. Gerade heute, da die Wissenschaft immer neue Möglichkeiten entwickelt, so dass alles machbar scheint, braucht es Regeln, die das Leben des Menschen schützen und die Menschheit vor den Folgen unbedachter und schädlicher Verhaltensweisen bewahren.

Aber es sind nicht nur die Gebote und die Grundsätze der Moraltheologie, die das Böse zurückdrängen möchten. Auch das konkrete christliche Leben, das täglich eingeübt wird in einer christlichen Askese, ist letztlich eine Prävention gegenüber dem Bösen. Zu diesem konkreten christlichen Leben gehört das Gebet, das uns immer wieder für Gott öffnet und vor dem Bösen schützt. Gerade für die frühen Mönche war das Gebet ein wichtiger Zufluchtsort vor dem Bösen. Solange sie beten, hat das Böse keine Macht über sie.

Zur alltäglichen Askese gehören auch die Rituale. Sie schaffen eine heilige Zeit: eine Zeit, die allein Gott gehört. In dieser heiligen Zeit hat das Böse keine Chance. Das

Ritual bringt mich in Berührung mit dem heiligen Raum der Stille auf dem Grund meiner Seele. In diesem heiligen Raum wohnt Gott. Und dort, wo Gott in mir wohnt, wo das Reich Gottes in mir ist, hat das Böse keinen Zutritt. Da kann es mir nicht schaden. Rituale rhythmisieren meinen Tag. Sie bringen mich und meine Seele in Ordnung, die oft genug ungeordnet ist. Das Böse ist immer auch das Ungeordnete, Chaotische, das den Menschen aus seiner Mitte herausführen möchte. Rituale bringen mich in Ordnung und nehmen daher dem Bösen die Macht über mich.

Geistlicher Kampf

Der Epheserbrief hat den Umgang mit dem Bösen als Kampf beschrieben: »Zieht die Rüstung Gottes an, damit ihr den listigen Anschlägen des Teufels widerstehen könnt. Denn wir haben nicht gegen Menschen aus Fleisch und Blut zu kämpfen, sondern gegen die Fürsten und Gewalten, gegen die Beherrscher dieser finsteren Welt, gegen die bösen Geister des himmlischen Bereichs. Darum legt die Rüstung Gottes an, damit ihr am Tag des Unheils standhalten, alles vollbringen und den Kampf bestehen könnt. Seid also standhaft: Gürtet euch mit Wahrheit, zieht als Panzer die Gerechtigkeit an und als Schuhe die Bereitschaft, für das Evangelium vom Frieden zu kämpfen. Vor allem greift zum Schild des Glaubens! Mit ihm könnt ihr alle feurigen Geschosse des Bösen auslöschen. Nehmt den Helm des Heils und das Schwert des Geistes, das ist das Wort Gottes.« (Epheserbrief 6,11,17)

Der Christ – so sagt uns dieser Text – hat gegen das Böse in der Welt zu kämpfen, um das Licht Gottes in sie hineinzustrahlen. Dabei soll er die Waffenrüstung Gottes anziehen. Im Hintergrund dieses eigenartigen Bildes steht der Mythos vom Kampf Gottes gegen widergöttliche Mächte. So wie Gott das Böse bekämpft, so soll im Namen Gottes auch der Christ gegen das Böse kämpfen, das uns überall als Feind begegnet.

Um dem Bösen widerstehen zu können, braucht der Christ den Panzer der Gerechtigkeit. Er schützt ihn vor ungerechten Strukturen. Er braucht die Schuhe der Bereitschaft, dass er im Namen Jesu in alle Welt zieht, um die Botschaft Jesu zu verkünden. Und er braucht den Schild des Glaubens. Der Glaube ist wie ein Schild, der den Christen vor den Pfeilen des Bösen schützt. Und der Glaube löscht die Pfeile des Bösen, die sonst in der Seele des Menschen brennen könnten.

Das ist ein schönes Bild: Der Glaube ist wie ein Schutzschild, der uns umgibt. Durch diesen Schild können die Pfeile des Bösen, die aggressiven Worte, die verletzenden Blicke nicht eindringen in unser Herz. Der Glaube schenkt uns das Vertrauen, dass Gottes heilende Gegenwart uns einhüllt und schützt vor der Gegenwart des Bösen. So können wir mitten in der Anfechtung durch das Böse sicher unseren Weg gehen.

Zuletzt kommt der Helm des Heils. Das Heilsame an der Botschaft Jesu soll sich zuerst im Kopf festsetzen. Dann kann das Böse uns nicht überwinden. Wir brauchen auch den Verstand, um die Strukturen des Bösen zu durchschauen. Und wir brauchen den Helm des Heiles, damit unser Denken nicht vom Bösen geprägt wird.

Das Böse fängt in den Gedanken an. Die Gedanken werden zu Worten und die Worte zu Taten. So beginnt der Kampf gegen das Böse im Kopf, bei den Gedanken. Da hilft uns der Helm des Heils. Im Griechischen steht hier: »soterias«. Das meint den Helm der Rettung, des Heils und der Bewahrung. Der Helm des Heils soll uns von negativen Gedanken erretten, und er soll die guten Gedanken bewahren, so dass sie sich nicht von bösen Gedanken verfälschen lassen.

Die letzte Waffe ist das Schwert des Geistes, das der Epheserbrief mit dem Wort Gottes gleichsetzt. Das Wort wird auch sonst in der Bibel oft als zweischneidiges Schwert bezeichnet. Es unterscheidet zwischen Worten, die uns guttun, und Worten, die uns schaden, Worten, die böse sind.

Das Schwert des Geistes scheidet das Gute vom Bösen. Oft ist in unserer Welt das Böse mit dem Guten vermischt. Wir können es nicht so genau unterscheiden. Und wir merken gar nicht, dass wir mitten in unseren guten Absichten vom Bösen bestimmt werden. Da braucht es das Schwert des Geistes, das Wort Gottes, das das Gute vom Bösen scheidet und uns so zu einer klaren Entscheidung für das Gute führt.

So ist unser Leben als Christ immer auch ein Kampf gegen das Böse. Aber Gott selbst rüstet uns in diesem Kampf aus. Und er stärkt uns, damit wir dem Bösen widerstehen können. Es hat keine Macht über uns. Wir brauchen keine Angst davor zu haben. Aber es bedarf des Kampfes. Wir sind nicht hilflos den Ränken des Bösen ausgeliefert. Wir können uns wehren und dagegen kämpfen. Dabei ist Gott auf unserer Seite, so dass unser Sieg gewiss wird.

Kampf ist ein Weg, das Böse zu überwinden. Doch der Kampf muss klug geführt werden. Wenn wir nur frontal das Böse bekämpfen, wecken wir eine starke Gegenkraft, mit der wir uns dann ständig auseinandersetzen müssen. Sinnvoll ist nur ein kluger Kampf, in dem uns der Glaube letztlich die Waffen anbietet, die wir zum Sieg brauchen.

Überwindung des Bösen durch das Gebet

Für die frühen Mönche war das Gebet der entscheidende Weg, das Böse zu überwinden. So heißt es in einem Väterspruch: »Ein Bruder fragte einen heiligen Altvater: Was soll der Mensch bei allen Versuchungen, die über ihn kommen, und bei allen Gedanken, die ihm der böse Feind eingibt, tun? Er antwortete: Er muss die göttliche Güte anflehen, dass sie ihm zu Hilfe komme und ihm beistehe. Denn es steht geschrieben: Der Herr ist mein Helfer, ich werde wegschauen über meine Feinde. (Psalm 117,7)« (Apo 1002)

Wenn die frühen Mönche sich bedrängt fühlten vom Bösen, dann flüchteten sie sich ins Gebet. Das Gebet ist wie ein sicherer Zufluchtsort vor der Macht des Bösen. Das beschreibt Abbas Johannes in einem schönen Bild: »Ich gleiche einem Menschen, der unter einem großen Baum sitzt und sieht, wie viele wilde Tiere und Schlangen gegen ihn herankommen. Kann er gegen sie nicht mehr bestehen, dann klettert er eilig auf den Baum und rettet sich. So auch ich: Ich sitze in meinem Kellion und sehe, wie schlechte

Gedanken auf mich zukommen, und wenn ich gegen sie nichts mehr vermag, dann fliehe ich zu Gott im Gebet und werde so vor dem bösen Feind gerettet.« (Apo 327) Im Gebet klettere ich gleichsam auf den Baum. So kann das Böse mich nicht erreichen.

In diesem Sinn versteht auch Jesus das Gebet. Den drei Jüngern, die während seines Gebets am Ölberg eingeschlafen waren, ruft er zu: »Wacht und betet, damit ihr nicht in Versuchung geratet.« (Matthäus 26,41) Das Gebet muss mit Wachsamkeit verbunden sein. Das Gebet macht uns wachsam gegenüber den Anfechtungen durch das Böse. Wer so im Gebet aufwacht und wach vor Gott steht, den kann das Böse nicht überwinden, der kann – mit den Worten Jesu – nicht in Versuchung geraten.

Die Mönche erzählen von einem Altvater, zu dessen Kellion die Dämonen kamen. Aber sie konnten nicht eintreten, weil er in seinem Kellion ununterbrochen betete. Das Gebet ist wie ein Schutzschild gegen das Böse. Daher haben die Mönche gerne die Psalmen gebetet, in denen von Gott als Schutz die Rede ist. Der Altvater Antonios betet gegen die Dämonen die Worte aus Psalm 27: »Der Herr ist mein Licht und mein Heil. Vor wem sollte ich mich fürchten? Der Herr ist die Kraft meines Lebens: Vor wem sollte mir bangen? Dringen Frevler auf mich ein, um mich zu verschlingen, meine Bedränger und Feinde, sie müssen straucheln und fallen. Mag ein Heer mich belagern: Mein Herz wird nicht verzagen. Mag Krieg gegen mich toben: Ich bleibe dennoch voll Zuversicht.« (Psalm 27,1–3)

Im Gebet wuchs dem Antonios das Vertrauen zu, dass ihn die Dämonen nicht überwinden können. In diesem

Vertrauen konnte er die Dämonen lästern und ihnen zurufen: »Hier bin ich wieder, Antonios: Ich fürchte eure Schläge nicht. Wenn ihr mich auch noch ärger quält, nichts wird mich trennen von der Liebe zu Christus.«

Jesus hat seine Jünger gelehrt, wie sie beten sollen. Das Vaterunser wurde schon im 1. Jahrhundert zum täglichen Gebet der Christen. Dreimal am Tag sollten sie dieses Gebet beten, um darin vom Geist Jesu durchdrungen zu werden und sich in die liebende Beziehung Jesu zu seinem Vater einzuüben.

Das Vaterunser war zugleich ein Gebet um die Bewahrung vor dem Bösen. Das wird in der letzten Bitte deutlich: »Lass uns nicht in Versuchung geraten und erlöse uns von dem Bösen!« (Matthäus 6,13) Seit jeher taten sich Menschen mit dieser Bitte schwer. In der normalen Übersetzung heißt es: »Führe uns nicht in Versuchung.«

Natürlich führt Gott nicht in Versuchung. Diese Bitte wird verständlich, wenn wir sie mit der Bitte des jüdischen Morgengebetes vergleichen: »Leite meinen Fuß nicht in die Gewalt der Sünde, und bring mich nicht in die Gewalt der Schuld und nicht in die Gewalt der Versuchung und nicht in die Gewalt von Schändlichen.« (Grundmann 203) So ist auch der erste Teil der Vaterunserbitte zu verstehen: »Lass uns nicht hineingeraten in die Situation der Versuchung, in die Situation des Abfalls.« Denn »peirasmos« meint hier die Verwirrung und den Abfall vom rechten Glauben. Es ist die Orientierungslosigkeit, die zum Bösen führt. Wenn keiner sich mehr auskennt, wenn die ethischen Normen und die Weisungen Gottes nicht mehr klar sind, wenn alles möglich ist, wenn sich das Böse sogar hinter frommen Worten verbirgt, dann ist dem Bösen Tür und

Tor geöffnet. Dann haben wir nichts mehr, womit wir uns gegen das Böse wehren könnten. Daher ist es angebracht, täglich darum zu beten, dass wir nicht in eine Versuchung geraten, die uns zum Fallstrick werden könnte.

Auch der zweite Teil der Bitte: »Erlöse uns von dem Bösen« wurde immer wieder diskutiert. Die erste Frage ist, ob *der* Böse oder *das* Böse gemeint ist. Das kann man letztlich nicht entscheiden. Aber es ist auch nicht so wichtig. »Ob es das Böse oder der Böse ist, in jedem Fall ist die böse Macht als eine Wirklichkeit gesehen, die wie ein lauerndes sprungbereites Tier, das auf Beute aus ist, gedacht wird.« (Grundmann 203) Die Bitte geht davon aus, dass wir hier in der Welt immer wieder vom Bösen angegriffen werden. Wir sind gefährdet von den bösen Gedanken, die um uns herum geäußert werden, von den bösen Machenschaften verdorbener Menschen, die kein ethisches Empfinden und kein Gewissen mehr haben.

Die Erlösung durch das Kreuz ist nicht etwas, das in einer fernen Vergangenheit einmal geschehen ist und uns für immer vom Bösen befreit hat. Wir erinnern uns im Beten vielmehr immer wieder daran, dass Jesus am Kreuz durch seine Liebe das Böse besiegt hat. Und so bitten wir, dass Gott uns auch jetzt vom Bösen erlösen, vor dem Bösen bewahren und uns losreißen möge aus der Macht des Bösen, das von außen auf uns einströmt. Die Erlösung vom Bösen muss täglich neu erbeten und erfahren werden. Aber wir können eben aus dem Vertrauen auf Gottes erlösende Liebe beten, die uns am Kreuz in Jesus so klar begegnet ist.

Bei beiden Worten – von Versuchung und dem Bösen – denkt Matthäus vor allem an die falschen Propheten, die in Schafsgewändern kommen und doch reißende Wölfe sind.

(Matthäus 7,15) Sie verwirren die Christen. Und das Böse zeigt sich auch heute noch in falschen Propheten. Innerhalb und außerhalb der Kirche treten ständig Menschen auf, die meinen, sie hätten die eigentliche Wahrheit. Sie allein könnten den Menschen einen Weg des gelingenden Lebens, einen Weg der Erlösung aus ihren psychischen Problemen zeigen. Das verwirrt die Menschen. Und die Verwirrung macht die Menschen verführbar. Wenn nichts mehr klar ist, dann darf alles sein. Dann hat das Böse keine Mauer mehr, an dem es abprallt. Es kann immer mehr in die Herzen der Menschen eindringen.

So zeigt uns Jesus in seinen Worten einen Weg, wie wir dem Bösen widerstehen und es durch das Gute besiegen können. Aber zugleich verweist er uns auf das Gebet und im Gebet auf die Hilfe Gottes, auf die wir angewiesen sind, um in dieser Welt vor dem Bösen geschützt zu sein. Es braucht immer beides: das eigene Tun, den Kampf gegen die Dämonen, wie die frühen Mönche es nennen, die Leidenschaft, gegen böse Bestrebungen im eigenen Herzen anzugehen – und zugleich die Gnade Gottes, die uns zu Hilfe kommt.

Und diese Gnade Gottes ist uns in Jesus Christus erschienen. Sie ist in ihrer sündenvergebenden Kraft und in ihrer Macht, das Böse zu besiegen, gerade am Kreuz Jesu Christi aufgestrahlt. So wird das Kreuz letztlich zum Schwert, das wir in der Hand führen, um – wie es der Epheserbrief im Bild von der Waffenrüstung Gottes ausdrückt – damit das Böse zu besiegen.

Eugen Drewermann sieht die Angst als die eigentliche Ursache für das Böse. Er fasst sein Verständnis des Bösen so zusammen: »Freiheit, die nicht geborgen ist in einer absoluten Freiheit, die ihr gegenübersteht, gebiert Angst, und aus der Angst entsteht der Zwang zur Deformation des eigenen Wesens, und so bildet sich das Böse.« (Drewermann 97) Mit Sigmund Freud meint er, dass die eigentliche Angst darin bestehe, die Liebe zu verlieren und verlassen zu werden. (Ebd.) Die Angst führt den Menschen nicht nur in die Hilflosigkeit, sondern auch in die Gefährlichkeit und Schrecklichkeit. Er reagiert auf seine Angst, indem er Angst verbreitet. Drewermann zitiert hier das berühmte Wort von Augustinus: »Territus terreo« – »im Bannkreis der Angst kann ich gar nicht anders, als Schrecken zu verbreiten«. (Ebd. 102)

Diese Angst und der Schrecken, der daraus folgt, können nicht durch Strafe geheilt werden, sondern nur durch eine verstärkte Zuwendung. »Sie brauchen *mehr* an Liebe.« (Ebd. 102) Die Psychologie bestätigt hier den Satz aus dem 1. Johannesbrief: »Furcht gibt es in der Liebe nicht, sondern die vollkommene Liebe vertreibt die Furcht. Denn die Furcht rechnet mit Strafe, und wer sich fürchtet, dessen Liebe ist nicht vollendet.« (1 Johannes 4,18)

Drewermann sieht diese heilende und uns vom Bösen befreiende Liebe in Jesus Christus, der hinabstieg in unsere Hölle, um uns da herauszuholen, indem er uns eine Liebe zeigte, die nicht verurteilte. Er begegnete uns mit seiner Güte, so dass die Menschen in seinem Umkreis aufhörten, sich zu ängstigen, und voll Vertrauen auf seine Worte hörten. »Die ganze Botschaft Jesu wird darin bestehen, uns bei der Hand zu nehmen und zurückzugeleiten in ein verlorenes Paradies, vorbei an den Wächterengeln mit dem Flammenschwert, um uns Gott wiederzubringen, wie er eigentlich ist: nicht länger mehr furchtbar, verbietend und strafend, sondern als Quelle gesammelten Vertrauens … Gerade wenn die Diagnose lautet, ein Mensch in Angst sei wie ein Verlorener, so hilft nur die Rettung und Erlösung einer verstehenden Liebe.« (Drewermann 93 f.)

Dass die Angst die eigentliche Ursache des Bösen und der Sünde ist, versucht Eugen Drewermann vor allem mit dem Angstbegriff von Søren Kierkegaard zu erklären. Die Angst führt zur Selbstverhaftetheit. Und »dieses angsterfüllte Nicht-von-sich-los-Kommen und Starren-auf-sich-selbst« treibt den Menschen in die Sünde. Doch in der Sünde bekommt der Mensch wiederum Angst vor sich selbst. Die Sünde führt zur Verzweiflung, und die Verzweiflung hält den Menschen in der Sünde fest. Drewermann zitiert hier Dostojewski: »Es gibt eine Grenze in der Erkenntnis der eigenen Nichtigkeit, die der Mensch nicht überschreiten darf, denn jenseits derselben beginnt er, seine Schande zu lieben.«

Die Angst treibt den Menschen in die Sünde. Und nach der Sünde überfällt den Menschen von neuem die Angst. Diese Spirale der Angst führt zur Verzweiflung und zur Angst vor dem Guten. Und daher richten sich die Menschen so im Bösen ein, »dass sie das Gute von sich her wirklich nicht mehr tuen können, weil es einem vollkommenen Umsturz ihrer Existenz gleichkäme, den sie daher fliehen müssen als den Inbegriff alles Angsterregenden«. (Drewermann 456) Dieses Sich-Einrichten im Bösen führt zur Scham- und Reuelosigkeit. So wird der Mensch unfähig, das Gute zu tun. Er ist dem Bösen immer mehr preisgegeben.

Was Drewermann psychologisch und philosophisch zu erklären sucht, erkennen wir auch selbst, wenn wir gewalttätige Menschen betrachten. Was wir heute an Bösem erleben, das durch terroristische Akte ausgedrückt wird, hat oft als Ursache die Angst. Es ist die Angst vor der Bedrohung der eigenen Weltanschauung, des eigenen religiösen fundamentalistischen Systems. Und aus Angst wehrt man sich ohne Maß und wird blind für das Böse, das man Menschen antut. Der Fundamentalismus und Fanatismus als Ursache des Bösen hat ja letztlich in der Angst vor der eigenen Unsicherheit und in der Angst vor dem eigenen Versumpfen in der Unmoral seine letzte Ursache.

Die Angst vor der Gewalt ist oft die Ursache für die Gewalt, die wir selbst anderen gegenüber anwenden. Der Kinderpsychiater Bruno Bettelheim nennt dieses Phänomen »Identifikation mit dem Aggressor«: »Um die Schmerzen aushalten zu können, verliert das Kind jegliches Gefühl für seine Identität und identifiziert sich stattdessen mit dem Aggressor.« (Bradshaw 30)

John Bradshaw beschreibt dieses Phänomen am Beispiel von Dawson, dessen Vater brutal war und ihn körperlich misshandelt hat: »Wenn er der kleine Junge von früher war, der vor Angst zitterte, wenn sein Vater gewalttätig wurde, fühlte er sich nicht mehr sicher. Also identifizierte Dawson sich mit dem Ich seines Vaters. Er wurde dann sein Vater. Immer wenn ihn eine Situation an die brutalen Szenen seiner Kindheit erinnerte, wurden in ihm die alten Gefühle der Ohnmacht und der Angst geweckt. Dann verwandelte sich Dawson in seinen gewalttätigen Vater und verletzte andere in der gleichen Weise, wie sein Vater ihn verletzt hatte.« (Bradshaw 30)

Die Überwindung des Bösen gelingt daher nur, wenn wir die Angst verwandeln können. Wir können die Angst nie ganz besiegen; sie wird immer wieder in uns aufsteigen. Aber es gibt dennoch Wege, die Angst zu verwandeln. Für Søren Kierkegaard kann die Angst nicht durch einen Menschen aufgelöst werden, sondern allein durch Gott. Trotzdem sind die menschlichen Hilfen wichtig, um die Angst zu überwinden.

Wenn wir das Beispiel Dawsons nehmen, der durch seine Angst blind vor Wut wurde und den Menschen Böses zufügte, um seine Angst zu überwinden, dann wäre der erste Schritt, die Angst des kleinen Kindes anzuschauen. Er muss mit einem Therapeuten oder Seelsorger die Szenen besprechen, in denen er aus Angst vor dem gewalttätigen Vater erzitterte. Und dann geht es darum, in seiner Kindheit auch nach Situationen zu suchen, in denen er sich vor dem Vater sicher fühlte. Oft findet das Kind von sich aus Orte, an denen es sich geschützt fühlt. Wir können sagen: Es ist das göttliche Kind, das das Kind an Zufluchtsorte führt, an denen es sich sicher fühlt.

Dann sollte man diese Zufluchtsorte sich heute wieder bewusstmachen. Für den einen ist es die Natur, für den andern der Großvater, bei dem man sein durfte, wie man ist. Für einen andern war es die Kirche, in der man sich geborgen fühlte. Und manche Kinder haben sich auch auf sich selbst zurückgezogen, in den inneren Raum der Stille, in dem sie geschützt waren. Die Angst, die heute auftaucht, sollte uns dann dazu einladen, diese inneren oder äußeren Zufluchtsorte aufzusuchen. Dort kann sich die Angst beruhigen. Dort fühlen wir uns vor der Angst geschützt.

Bei Kursen erlebe ich immer wieder Menschen, die mir erzählen, wie man ihnen als Kind Angst vor der Sünde eintrichterte. Eine achtzigjährige Frau erzählte: »In meiner Kindheit war alles Sünde. Ich hatte ständig Angst, einen Fehler zu machen und dann von Gott bestraft zu werden.« Diese Angst vor der Sünde kann uns in eine innere Zwanghaftigkeit führen. Dann macht sie uns krank. Oder aber sie führt gerade dazu, dass wir das tun, was wir auf jeden Fall vermeiden wollten, weil es uns als so schlecht vor Augen gehalten wurde. Also hat gerade die Angst das Böse hervorgebracht.

Ich kann die Angst dieser älteren Menschen nicht einfach durch Argumente auflösen. Auch der Hinweis auf den barmherzigen Gott, den Jesus uns verkündet hat, oder auf Jesu barmherzige Weise, auf Sünder zuzugehen, löst diese Angst nicht einfach auf. Es braucht oft lange Zeit, bis die alten Angstmuster verschwinden. Dabei hilft es, immer wieder die biblischen Szenen zu meditieren, in denen Jesus sich den Sündern zuwendet: seine Mahlzeiten mit Zöllnern und Sündern, seine Gleichnisse vom verlorenen Sohn oder vom ungerechten Verwalter.

Aber es braucht den Dialog zwischen diesen Texten und den eigenen Ängsten, die man als Kind in sich aufgesogen hat. Wenn diese Texte im Licht der eigenen Angsterfahrungen ausgelegt werden und wenn die eigene Kindheit auf dem Hintergrund dieser Texte mit anderen Augen angeschaut wird, dann kann langsam die Angst überwunden werden. Und die Menschen werden frei, das Gute zu tun.

Sie müssen nicht ängstlich darauf bedacht sein, nur ja jede Sünde zu vermeiden – was dann gerade immer wieder in die Sünde führt. Vielmehr trauen sie der Sehnsucht nach dem Guten, die sie in sich vorfinden. Und sie vertrauen darauf, dass in der Sehnsucht nach dem Guten schon das Gute in ihnen vorhanden ist.

Es gibt viele Wege, die eigene Angst zu beruhigen. Die Meditation der biblischen Texte ist ein Weg. Ein anderer Weg ist das Gespräch mit der Angst. Indem ich die Angst zu Ende denke: Was könnte denn passieren, wenn ich sündige? Wird Gott mich wirklich dafür strafen? Was ist das für ein Gott, der es nötig hat, auf kleine Menschen aufzupassen und sie zu kontrollieren, ob sie irgendeinen kleinen Fehler machen? Entspricht dieses Gottesbild wirklich dem Gott, den uns Jesus verkündet hat?

Indem ich mir die Angst ausmale und mir das Gottesbild vorstelle, das zu dieser Angst passt, wird sich die Angst langsam auflösen. Ich spüre: So kleinkariert kann Gott nicht sein. Und dann kann ich langsam überlegen: Woher kommt meine Angst? Habe ich die Angst meiner Eltern übernommen? Und warum hatten sie solche Angst vor der Sünde? War es letztlich die Angst vor den eigenen Schattenseiten, die mit ihrem Idealbild nicht übereinstimmten?

Ich frage und frage, und im Fragen wird mir auf einmal klar: Dieses Angstsystem kann so nicht stimmen. Das kann nicht die Botschaft Jesu sein. Und dann versuche ich, die Worte Jesu: »Habt Vertrauen, ich bin es; fürchtet euch nicht!« (Matthäus 14,27), in mein Herz fallen zu lassen, diese Worte zu kauen und zu schmecken. Dann wird sich die Angst langsam auflösen, und ich kann mit ruhigem Herzen auf mein Leben schauen.

Ich meditiere dann noch das andere wunderbare Wort Jesu: »Kommt alle zu mir, die ihr euch plagt und schwere Lasten zu tragen habt. Ich werde euch Ruhe verschaffen.« (Matthäus 11,28) Ich bin mit der ganzen Last meiner Angst von Jesus eingeladen, bei ihm Ruhe zu finden. Vielleicht kann ich dann mitten in meiner Angst durch diese Worte Jesu wirklich innerlich zur Ruhe kommen und diese Ruhe genießen.

Dem Bösen mit Liebe begegnen

Jesus hat es uns vorgemacht, wie wir dem Bösen mit Liebe begegnen. Jesus ging auf die Zöllner zu, die in den Augen der Pharisäer als böse und als Sünder galten. Er hat ihnen keine Vorwürfe gemacht. Er hat ihnen etwas zugetraut. Dem Zöllner Levi rief er zu: »Folge mir nach!« (Lukas 5,27) Und der Zöllner ist ihm nachgefolgt. Er hat Jesus eingeladen, mit ihm zu essen.

Gegenüber der Kritik durch die Pharisäer begründete Jesus sein Verhalten mit dem Satz: »Nicht die Gesunden brauchen den Arzt, sondern die Kranken.« (Lukas 5,31) Jesus hat die Sünder nicht verurteilt, sondern die Krankheit hinter ihrem bösen Tun gesehen. Indem er ihnen als Arzt wohlwollend begegnet, verwandelt er sie, so dass sie das Böse nicht mehr brauchen.

Das wird vor allem sichtbar in seiner Begegnung mit Zachäus. Jesus schaut zu ihm auf. Das griechische Wort für Aufschauen – »anaplepo« – wird sonst für den Menschen gebraucht, der zu Gott aufschaut, der zum Himmel aufschaut. Jesus, der Sohn Gottes, schaut zum Sünder auf. Er sieht in dem Sünder den Himmel. Er traut ihm das Gute zu. Und dieser vertrauensvolle Blick der Liebe verwandelt den Zöllner. Er beschämt auf einmal mit seiner Großzügigkeit alle, die ihn vorher verurteilt haben. (Lukas 19,1–10)

Auch in der Sünderin, die von den Pharisäern abgelehnt wird, sieht Jesus die Liebe, die sie in sich hat. Weil er sie nicht verurteilt, erweist sie ihm alle Liebe, zu der sie fähig ist, indem sie seine Füße mit ihren Tränen wäscht, sie mit ihren Haaren trocknet und mit kostbarem Öl salbt. (Lukas 7,38) Ihr sagt er die Vergebung der Sünden zu. Und er bestätigt ihren Glauben: »Dein Glaube hat dir geholfen. Geh in Frieden!« (Lukas 7,50) In diesem Wort ist kein Vorwurf, nur die Liebe, die stärker ist als alle Schuld. Dieses Wort der Liebe ermöglicht ihr ein neues Leben.

Mit dem Gleichnis vom verlorenen Sohn schenkt Jesus allen Menschen, die sich selbst verloren und in Sünde und Schuld verstrickt haben, das Vertrauen, dass auch sie umkehren können, weil sie ein liebender Vater erwartet, der sie nicht verurteilt, sondern sich freut, wenn sie sich selbst wiederfinden, der mit ihnen ein fröhliches Fest feiert: »Denn mein Sohn war tot und lebt wieder; er war verloren und ist wiedergefunden worden.« (Lukas 15,24)

Der Gipfel der Liebe Jesu ist das Kreuz. Ich möchte nur kurz die Deutung des Kreuzgeschehens im Lukasevangelium und bei Johannes betrachten. Lukas zeigt uns durch seine Schilderung des Kreuzes die Liebe Jesu vor allem in drei Worten.

Das erste Wort ist ein Gebet für seine Mörder: »Vater, vergib ihnen, denn sie wissen nicht, was sie tun.« (Lukas 23,34) Die Mörder wollten Jesus vernichten. Und zugleich wollten sie ihre Macht über ihn genießen. Doch die Liebe Jesu hat ihnen diesen Genuss vereitelt. Denn das Böse hatte keinen Ort, an dem es ansetzen konnte. Es ist gleichsam an der Liebe Jesu abgeprallt. Indem Jesus in der Liebe geblieben ist, konnten die Mörder nicht über ihn triumphieren. Die Liebe Jesu, mit der er ihnen vergeben hat, hat sie letztlich selbst verwandelt.

Das zweite Wort sagt Jesus zu dem Verbrecher an seiner rechten Seite. Dieser Verbrecher hat viel Böses getan. Aber er spürt in dem, der mit ihm gekreuzigt wird, eine Haltung der Liebe, die ihm Hoffnung schenkt. So wendet er sich an Jesus mit der Bitte, er solle an ihn denken, wenn er in sein Reich komme. Und Jesus antwortet: »Amen, ich sage dir: Heute noch wirst du mit mir im Paradies sein.« (Lukas 23,43) Mit diesem Wort der Liebe wird all das Böse, das der Verbrecher in seinem Leben bis zuletzt getan hat, aufgehoben in die Barmherzigkeit Gottes.

Das dritte Wort Jesu ist Ausdruck seiner Liebe zum Vater. Alle Grausamkeit, die ihm von außen geschieht, kann ihn nicht von seiner Liebe zum Vater trennen. Er lässt sich sterbend in Gottes liebende Arme fallen mit dem Wort: »Vater, in deine Hände lege ich meinen Geist.« (Lukas 23,46) Die Liebe Jesu, die in seinen Worten und in seinem Verhalten am Kreuz sichtbar wird, hat nicht nur den Verbrecher verwandelt, sondern auch den Hauptmann, der für die Kreuzigung zuständig war. »Als der Hauptmann sah, was geschehen war, pries er Gott und sagte: Das war wirklich ein gerechter Mensch.« (Lukas 23,47)

Der Hauptmann lenkt seinen Blick von der grausamen Kreuzigung auf Gottes Liebe, die am Kreuz sichtbar wird. Und er sieht in Jesus den wahrhaft gerechten Menschen, von dem Platon vierhundert Jahre vor Christus in seiner *Politeia* geschrieben hat. Dieser Jesus war so gerecht, dass er sich auch von bösen Menschen nicht aus seiner Gerechtigkeit hat hinaustreiben lassen.

Für Johannes ist das Kreuz die Vollendung der Liebe, die Jesus uns und seinen Jüngern während seines Lebens erwiesen hat. Johannes beginnt seine Passionserzählung mit den Worten: »Da er die Seinen, die in der Welt waren, liebte, erwies er ihnen seine Liebe bis zur Vollendung.« (Johannes 13,1) Und Jesus selbst deutet seinen Jüngern in den Abschiedsreden seinen Tod als Ausdruck der Freundesliebe: »Es gibt keine größere Liebe, als wenn einer sein Leben für seine Freunde hingibt.« (Johannes 15,13)

Diese Liebe kommt am Kreuz zur Vollendung. Die Gebärde des Kreuzes ist für Johannes eine Gebärde der Umarmung. Das wird im Wort Jesu sichtbar: »Ich, wenn ich über die Erde erhöht bin, werde alle zu mir ziehen.« (Johannes 12,32) Jesus umarmt uns am Kreuz mit all unseren Gegensätzen. Er umarmt uns so, wie wir sind. Diese umarmende Liebe verwandelt alles Böse in uns. Wenn wir spüren, dass alles in uns von Jesu Liebe umfasst ist, müssen wir das, was wir in uns nicht annehmen können, nicht mehr auf die anderen projizieren und in den andern bekämpfen. Das Umarmen unserer Gegensätze bewahrt uns vor der inneren Spaltung, die oft Ursache des Bösen ist. Sie schenkt uns inneren Frieden und befähigt uns, auch die Menschen anzunehmen, in denen wir oft wie in einem Spiegel unsere eigenen Schattenseiten erkennen.

Was Lukas und Johannes über die Überwindung des Bösen am Kreuz aussagen, möchte ich mit anderen Worten deuten: Am Kreuz ist das Böse der Welt in seiner ganzen Abgründigkeit sichtbar geworden. Das Böse hat sich am Kreuz gleichsam ausgetobt. Das Böse hat sich gezeigt in der Feigheit des Pilatus, im Verrat der Sadduzäer und Pharisäer, im Hass und in der Brutalität der römischen Soldaten. Aber all dieses Böse ist durch die Liebe Jesu überwunden worden.

Das Paradox ist, dass am Kreuz die Liebe Jesu am klarsten sichtbar geworden ist. Johannes nennt das Kreuz die Vollendung der Liebe. Und diese Liebe, die am Kreuz offenbar wird, zeigt sich dann von neuem in der Auferstehung Jesu: als eine Liebe, die stärker ist als der Tod. Jesus begegnet nach seiner Auferstehung zuerst Maria von Magdala, der großen liebenden Frau. Diese Begegnung zeigt, dass die Liebe, die Jesus uns am Kreuz erwiesen hat, auch den Tod überdauert. Sie lässt sich auch durch einen Mord nicht zerstören. Sie ist stärker als alles Böse. Jesus wagt sich in seiner Passion in die Macht des Bösen hinein, weil er darauf vertraut, dass seine Liebe stärker ist als das Böse. Und so überwindet er gerade dort, wo das Böse scheinbar zu siegen scheint, die Macht des Bösen.

Jesus hat das Böse durch seine Liebe überwunden. Aber wie können wir das Böse, das uns immer wieder anficht, durch die Liebe besiegen? Ich möchte versuchen, es psychologisch zu erklären: Das Böse ist ein Fehlurteil. Es entsteht durch eine ganz bestimmte Sichtweise. Wir sehen in den andern Menschen unsere Feinde. Wir sehen in ihnen das, was wir bekämpfen sollen. Und wir projizieren in sie hinein all das Böse, das wir bei uns mühsam verdrängt haben.

Die Liebe sieht den Nächsten mit andern Augen an. Das deutsche Wort »Liebe« kommt von »liob«, das »gut« heißt. Und Lieben gehört mit Glauben und Loben zusammen. Glauben heißt, das Gute im Menschen sehen. Loben meint, das Gute anzusprechen. Und Lieben bedeutet, den andern, den ich mit guten Augen anschaue, auch gut zu behandeln.

Das Böse verfestigt sich, indem wir den andern als den Bösen betrachten. Wer als böse angeschaut wird, der hat allen Grund, auch böse zu sein. Unsere Sichtweise verstärkt das Böse. Die Liebe besteht zuerst in einer neuen Sichtweise. Wenn wir den andern mit guten Augen anschauen, wenn wir an das Gute im andern glauben, dann verstärken wir es auch. Und wenn wir dann den, den wir mit Augen des Glaubens betrachten, auch gut behandeln, hat das Böse in diesem Menschen auf die Dauer keine Chance.

Natürlich begegnet uns trotzdem das Böse. Aber wer in der Liebe ist, wer in Berührung ist mit der Quelle der Liebe, die auf dem Grund seiner Seele strömt, der lässt sich vom Bösen nicht aus seiner Liebe vertreiben. Er hat keine Angst vor dem Bösen. Die Angst vor dem Bösen verstärkt das Böse. Die Liebe schenkt Vertrauen in die Kraft des Guten, das stärker ist als das Böse. Und dieses Vertrauen ist Gift für das Böse. Das Böse löst sich gleichsam durch eine vertrauensvolle Liebe selber auf.

Wenn ich von der Liebe spreche, die das Böse auflöst, meine ich nicht die Liebe, zu der ich mich zwinge. Es gibt Menschen, die versuchen zu lieben. Aber sie vermögen es nicht, denn ihre Liebe entspringt nur dem Willen. Und in ihrer Liebe haben sie all das Dunkle in ihrer Seele übersprungen. In solch eine Liebe schleicht sich immer wieder das Dunkle und Böse hinein. Es wird dann oft eine Liebe, die erkauft wird durch aggressives Verhalten gegenüber Andersdenkenden. Es ist eine einseitige Liebe, die nur die Lichtseiten zu lieben vermag, aber die Schattenseiten überspringt. Die Liebe, die das Böse auflöst, ist durch das Dunkel und Chaos der eigenen Seele hindurchgegangen in den Grund der Seele. Dort gibt es eine Liebe, die vom Grund her das Böse zu besiegen vermag.

Das Beispiel Jesu und seine ständigen Aufforderungen, das neue Gebot der Liebe zu erfüllen, wollen uns ermutigen, an den Sieg der Liebe über das Böse zu glauben, auch wenn ein Blick in die täglichen Nachrichten uns ständig mit dem Gegenteil zu konfrontieren scheint. Wenn wir auf Jesu Beispiel schauen, erkennen wir, dass es möglich ist, mit Liebe das Böse zu überwinden. Und sobald wir anfangen, den Worten Jesu zu trauen, und einfach ausprobieren, was er uns an kreativen Lösungen anbietet, dann erkennen wir, dass diese Lösungen wirklich greifen. Es ist keine fromme Illusion, dass wir dem Bösen mit Liebe begegnen und es durch die Liebe überwinden können. Wenn wir es probieren, werden wir die Kraft der Liebe erfahren, die stärker ist als das Böse.

Dostojewski hat in seinem Roman *Schuld und Sühne* eindrucksvoll geschildert, wie die Liebe der Dirne Sonja das Böse überwindet, das den Mörder Raskolnikow erfasst hat. Es dauert allerdings sieben Jahre, bis das Böse, das das Herz des Mörders verhärtet hat, auftaut und zerfließt. Doch zuletzt erschafft die Liebe den Mörder neu. Dostojewski lässt die beiden die Geschichte von der Auferweckung des Lazarus lesen. In der Liebe, die das Böse überwindet, geschieht die Auferweckung dessen, der vom Bösen beherrscht war und jede Lebendigkeit verloren hatte.

Dass die Liebe das Böse überwindet, davon ist auch die Psychotherapie überzeugt. Für Albert Görres entsteht das Böse ja aus unerträglichen Verwundungen und Entbehrungen, aus Missachtung, aus Mangel an Liebe, aus Ablehnung und Beschämung. Wenn der Therapeut diese

Erfahrungen mit dem Klienten durchgeht, dann geschieht das im Raum des Vertrauens und der Liebe. Es ist eine Liebe, die nicht bewertet, eine Liebe, die den andern bedingungslos annimmt. Die Erfahrung dieser bedingungslosen Liebe kann allmählich die Bitterkeit und den Hass im Klienten auflösen und in Liebe verwandeln.

Wenn das Böse in Liebe verwandelt wird, dann hat es keine Macht mehr über uns. Im Raum der Liebe kann der Klient durch den Hass und die Kränkung hindurchgehen und auf dem Grund seiner Seele die Liebe entdecken, die unter dem Hass begraben war. Und so wird er wieder fähig zur Liebe. Und diese Befähigung zur Liebe schützt ihn mehr vor dem Bösen als ein moralischer Appell, der ihm das Böse verbietet oder der ihm Angst macht, dass er bestraft wird, wenn er wieder Böses tut. Die Angst vor der Strafe befreit uns nicht von dem Bösen, sondern verstärkt nur das Böse. Denn – so sagt Günter Funke: »Die Strafe macht den Menschen böse.« (Funke 82)

Es gibt noch einen anderen Grund, dass die Liebe das Böse überwindet. Die Liebe vertreibt die Angst, die ja – so haben wir den Ausführungen Eugen Drewermanns folgend gesehen – die tiefste Ursache des Bösen ist. Johannes sagt in seinem ersten Brief: »Furcht gibt es in der Liebe nicht, sondern die vollkommene Liebe vertreibt die Furcht. Denn die Furcht rechnet mit Strafe, und wer sich fürchtet, dessen Liebe ist nicht vollendet.« (1 Johannes 4,18)

Die Liebe jedoch beruhigt die Angst. Wer sich geliebt fühlt, hat weniger Angst. Das haben psychologische Untersuchungen ergeben. Wer sich geliebt fühlt, hat es nicht nötig, aus Angst durch das Böse auf sich aufmerksam zu machen und sich durch das Böse, das er tut, zu bestätigen, dass er nicht liebenswert ist. Die Liebe beruhigt die Angst und öffnet den Menschen, damit er selbst liebesfähig wird. Wenn er dann in sich die Liebe spürt, die ihm von außen entgegenkommt, und wenn er die Liebe spürt, die in ihm als Quelle strömt, dann hat das Böse keine Macht mehr über ihn.

Ein versöhntes Miteinander

Wir sind in diesem Buch dem Bösen begegnet, haben Gespräche mit dem Bösen geführt – nicht um uns vom Bösen faszinieren zu lassen, sondern um im Gespräch das Böse zu entlarven und ihm seine Macht zu nehmen. Die Verdrängung des Bösen verbreitet das Böse. Es ist ja ein Paradox: In den Medien nimmt das Böse immer mehr Raum ein. Aber das Böse wird kaum reflektiert. Die Medien *zeigen* nur das Böse, und sie ziehen die Zuschauer mit Filmen in den Bann, in denen das Böse sich austobt. Aber es wird nicht über das Böse nachgedacht.

Die Theologie und die Philosophie haben jahrelang das Böse vernachlässigt. Während das Böse im Mittelalter ein wichtiges Thema der Philosophie und Theologie war, ist es in unserer Zeit eher verharmlost worden. Aber sowohl die Verharmlosung als auch die Verdrängung sind der Nährboden, auf dem das Böse gedeihen kann.

Aber es gibt noch einen dritten Irrweg, mit dem Bösen umzugehen. Das ist die Fixierung auf das Böse. In manchen frommen Kreisen spricht man ständig vom Teufel. Überall sieht man den Teufel am Werk. Und man fühlt sich ständig vom Teufel verfolgt oder von Dämonen besessen. Diese Fixierung auf das Böse löst das Böse aber nicht auf, sondern verstärkt es. Man sieht das Böse als etwas ganz und gar Fremdes, das mit der eigenen Seele und ihrer Struktur nichts zu tun hat. Doch damit fliehe ich letztlich vor dem Bösen. Und wer flieht, der wird verfolgt. Solche Menschen fühlen sich ständig vom Bösen verfolgt.

Es wäre wichtig, dass sie stehen bleiben und das Böse genauer anschauen. Das Böse ist in unserer Seele. Es wirkt sich aus in neurotischen Lebensmustern, in sadistischen und masochistischen Gedanken. Das Böse steigt aus unserem Schatten herauf, wenn wir uns weigern, den Schatten anzuschauen. Wenn wir das Böse nur als den Teufel sehen, der uns unschuldige Menschen verfolgt, dann geben wir ihm Macht über uns. Jesus hat sich dem Teufel gestellt, und er hat sich den Versuchungen gestellt, die er in seiner eigenen Seele vorfand. Nur so konnte er die Versuchungen überwinden und das Böse besiegen.

Das Ziel der Begegnung mit dem Bösen ist es, das Böse zu überwinden. Der Sieg über das Böse gelingt aber nur dann, wenn wir die Ursachen des Bösen erkennen und die Schliche des Bösen entdecken. Die frühen Mönche haben diese Schliche des Bösen sehr genau beschrieben. Sie haben die Tricks beschrieben, mit denen die Dämonen die Mönche in den Bann des Bösen ziehen möchten. Aber sie haben auch wirksame Methoden aufgezeigt, wie die Mönche das Böse überwinden können. Die Begegnung, das Gespräch mit dem Bösen kann daher viel lernen von den Erfahrungen, die die frühen Mönche, die sogenannten Wüstenväter, mit dem Bösen gemacht haben. Aber es profitiert auch von den Erfahrungen, die uns die Bibel beschreibt, und von den Erfahrungen, wie sie in die Philosophie und in die Psychologie hineingeflossen sind.

Ich habe dieses Buch als Seelsorger geschrieben. Mir ist es ein Anliegen, nicht Angst vor dem Bösen zu machen und auch nicht der Faszination des Bösen zu erliegen. Vielmehr geht es mir darum, wie wir in unserem konkreten Leben mit dem Bösen umgehen sollen, das uns von außen widerfährt, und auch mit dem Bösen, das durch uns selbst geschieht, das wir andern antun. Die christliche Tradition ist voller Weisheit im Umgang mit dem Bösen. Von ihr können wir auch heute lernen, das Böse weder zu übersehen noch uns auf das Böse zu fixieren, es weder zu verharmlosen noch zu verherrlichen, sondern es zu überwinden durch den Weg des Vertrauens, der Freiheit und der Liebe.

Allerdings wäre es naiv, dass wir auf unserem Lebensweg das Böse völlig überwinden. Abbas Antonios, das große Vorbild für alle Wüstenväter, sagt einmal: Der Mönch »muss auf Versuchung gefasst sein bis zum letzten Atemzug«. (Apo 699) Wir werden auf unserem Weg ständig angefochten von Versuchungen. Das Böse versucht, uns durch allerlei Schliche auf den falschen Weg zu bringen. So braucht es Achtsamkeit, Geduld, Liebe und eine gute Kenntnis der Methoden, mit denen das Böse über uns Macht gewinnen möchte. Und es braucht die Demut, dass wir hier, solange wir leben, immer auch vom Bösen versucht sind, dass wir nie eine Garantie dafür haben, dass wir das Böse endgültig besiegt haben.

Aber zugleich brauchen wir das Vertrauen in das Wort Jesu: »In der Welt seid ihr in Bedrängnis; aber habt Mut: Ich habe die Welt besiegt.« (Johannes 16,33) Indem wir uns in aller Bedrängnis und Versuchung an Jesus halten, an sein Wort und an seinen Geist, der in uns ist, dürfen wir vertrauen, dass auch wir die Welt und das Böse in dieser Welt überwinden. Zu diesem Vertrauen möchte Sie, liebe Leserin, lieber Leser, dieses Buch führen. Ich wünsche Ihnen, dass Sie sich selbst und die Welt so sehen, wie sie ist, auch mit all dem Bösen, das in ihr ist. Aber zugleich wünsche ich Ihnen das Vertrauen, dass dort, wo Christus in Ihnen wohnt, das Böse keine Macht über Sie hat, dass es in Ihnen einen Raum der Stille gibt, einen Raum, in dem das Reich Gottes in Ihnen herrscht. Denn wenn Gott in uns herrscht, findet die Herrschaft des Bösen ein Ende.

Literatur

Athanasius: *Das Leben des hl. Antonius,* übers. V. H. Mertel, Kempten-München 1917

Joseph Bernhart (Hrsg.): *Augustinus. Bekenntnisse.* Düsseldorf 2007

John Bradshaw: *Das Kind in uns. Wie finde ich zu mir selbst?* München 1992

Hans Deidenbach: *Zur Psychologie der Bergpredigt.* Frankfurt/M. 2000

Eugen Drewermann: *Strukturen des Bösen. Band II, Die jahwistische Urgeschichte in psychoanalytischer Sicht.* Paderborn 1988

Eugen Drewermann: *Strukturen des Bösen, Band III, Die jahwistische Urgeschichte in philosophischer Sicht.* Paderborn 1988

Eugen Drewermann: »Was ist es, das den Menschen böse macht?«, in: *Das Böse. Tabu oder Herausforderung.* Hrsg. Anton A. Bucher, Rudolf Seitz, Rosemarie Donnenberg, Salzburg 1999, 77–108 (Drewermann III)

Liliane Frey-Rohn: »Wie man mit dem Bösen umgeht«, in: Jeremiah Abrams / Conni Zweig: *Die Schattenseiten der Seele.* München 1997, 243–248

Günter Funke: »Was ist es, das den Menschen böse macht?« In: *Das Böse. Tabu oder Herausforderung.* Hrsg. Anton A. Bucher, Rudolf Seitz, Rosemarie Donnenberg, Salzburg 1999, 77–82

Albert Görres / Karl Rahner: *Das Böse. Wege zu seiner Bewältigung in Psychotherapie und Christentum.* Freiburg 1982

Anselm Grün: *Der Umgang mit dem Bösen.* Münsterschwarzach 1980 / 2001

Anselm Grün: *Vergib dir selbst.* Münsterschwarzach 1999 / 2001

Walter Grundmann: *Das Evangelium nach Matthäus.* Berlin 1968

Carl Gustav Jung: »Gut und Böse in der Analytischen Psychologie«, in: *Gut und Böse in der Psychotherapie.* Stuttgart 1959

Rollo May: »Die Gefahren der Unschuld«, in: Jeremiah Abrams / Conni Zweig: *Die Schattenseiten der Seele.* München 1997, 161 ff.

Rüdiger Safranski: *Das Böse oder Das Drama der Freiheit.* München 2004

Heinrich Spaemann: *Macht und Überwindung des Bösen.* München 1979

Gustav Stählin: »hamartano«, in: *Theologisches Wörterbuch,* 295–299

Weisung der Väter, Apophthegmata Patrum, eingeleitet und übersetzt von Bonifaz Miller, Freiburg 1965 (= Apo)

Bernhard Welte: *Über das Böse, Eine thomistische Untersuchung.* Freiburg 1986

Ulrich Wilkens: *Der Brief an die Römer,* Teilband 2, Zürich 1980

Abkürzungen

LThK = *Lexikon für Theologie und Kirche.* 11 Bde. Freiburg 1993–2001

RGG = *Religion in Geschichte und Gegenwart.* 9 Bde. Tübingen 1998–2007

ThW = Theologisches Wörterbuch, Freiburg, 2000

Anselm Grün

Einfach nur Glück

Inspirationen für ein gutes Leben

Die Menschen heute sehnen sich nach mehr Verbindlichkeit und Nachhaltigkeit in ihren Beziehungen, in der Art zu leben – nach Sinnerfüllung und Glück. Doch wo findet man das Glück und wie kann man es festhalten, wenn man es gefunden hat? Anselm Grün hat auf diese Fragen eine klare Antwort. Für ihn ist der glücklich, »der im Einklang mit sich selbst ist, ganz der wird, der er vom Wesen her ist«. Der Weg dorthin, zu einem erfüllten Leben, in dem man die Möglichkeiten verwirklicht, die in einem angelegt sind, führt über positive Haltungen und Tugenden wie Glaube, Hoffnung und Liebe. In »Einfach nur Glück« gibt Anselm Grün spirituelle Impulse, wie wir diesen Tugenden in unserem Leben mehr Raum geben können. Dabei greift er auf biblische Bilder zurück und ruft uns die jahrhundertealte Lebenskunst der Benediktiner ins Bewusstsein.

PATTLOCH